特別支援教育サポートBOOKS

特別支援教育

新学習指導要領を踏まえた

キャリア教育の実践

上岡 一世 著

JN190035

明治図書

まえがき

　特別支援教育は大きく変革のときを迎えています。学校は教育課程を中心とする教育目標，教育内容，教育方法の認識の変革を迫られています。教師には質の高い専門的な授業の追求と子どもを主体とした学習方法の改善が求められています。

　長く，熱心に積み上げられてきた特別支援教育が変わらなければならないのはどうしてでしょうか。今までの教育の一体どこに問題があり，これからは，何を，どのように変えていかなければならないのでしょうか。まず，このことを理解した上での教育実践でなければ，求められている成果を得ることができないことは言うまでもありません。

　本書は，わたしが50年近くにわたって，この教育にかかわり，積み重ねてきた教育実践をもとに，これからの特別支援教育の在り方，方向性と教師として，どうしても改善，見直しをしなければならない指導方法，対応方法を具体的に示したものです。今までと違った質の高い教育を実現し，一人一人に応じた指導の充実を図ることを目的にまとめています。

　この教育が大きく変わるきっかけとなったのがキャリア教育の導入です。

　キャリア教育は，言うまでもなく，生きる力，働く力を育てる教育と言われています。これは，特別支援教育が，教育課程の中核に位置付け指導を積み重ねてきた「日常生活の指導」「生活単元学習」「作業学習」が目標としてきた教育そのものです。であるならば，特別支援教育にキャリア教育を取り入れる必要があるのか，と疑問を持つ人もいるでしょう。

　特別支援教育は昔からキャリア教育を取り入れ，生きる力，働く力を育てる教育を積み重ねてきました。しかしながら，我々が積み重ねてきた，生きる力，働く力を育てる教育が，どれだけの成果を上げたかを検証してみると，生きる力，働く力を育てることを目指して実践してきたはずだったのですが，実は意外にも，生きる力，働く力が育っていないことが分かってきました。

原因を探ってみて，今まで行ってきた指導内容，指導方法に課題が見つかり，見直しを迫られたのです。

　今までの教育は，子どもたちが障害を持っているということで，できることを増やしたり，新たなスキルを身につけたり，スキルアップを目指したり，さまざまな体験をさせたりなど行動面や技能面に焦点を当てた指導が中心でした。こうした指導は，子どもの行動領域，生活領域を広げる上では効果があったことは確かです。しかし，これが，どれだけ地域や職場や社会で機能する，通用する力になっていたかとなると，さまざまな課題が見えてきました。学校ではできるのに学校外ではできない，高いスキルは持っているのに，それが職場では発揮できない，さまざまな体験をしてきているのに，限定された生活の場でしか通用しないなど，具体的な課題が学校現場から示されました。指導内容，指導方法の見直しを迫られた理由がここにあります。決して，今まで行ってきた教育が間違っていたのではありません。今まで行ってきた教育を，もう一度キャリア教育の視点で見直し，生きる力，働く力を確実に身につける教育実践を見出すことが求められたのです。これがキャリア教育を特別支援教育に取り入れた最大の理由なのです。

　今までの指導がなぜ，地域や職場や社会で通用しなかったのか，調べてみると，行動や技能は身についているが，それに比べて内面が育っていないことが分かってきました。できても意欲的にできないとか，スキルは持っているが，それを主体的に発揮できないとか，体験はしていても，意識が低い体験のため，せっかくの体験が機能しないなどの実態が浮かび上がってきたのです。生きる力，働く力を育てるためには，できることやスキルの獲得も大事ですが，もっと内面に注目し，内面を伴う行動やスキルを身につける必要がある，というのが，特別支援教育で行わなければならないキャリア教育ということになります。

　では，内面はどのようにすれば育つのでしょうか。内面が育てば，本当に生きる力，働く力が身につくでしょうか。地域生活や職業生活，社会生活で機能し，通用する力になりうるでしょうか。これを具体的な実践を通して明

らかにしようとしたのが本書です。

　本書を通して，内面の育ちを伴う行動やスキルがいかに子どもを育て，生きがいのある生活を生み出しているか，生きて働く力となって機能しているかを，是非読み取って欲しいと思います。

　この教育にかかわる多くの先生方が，もっと子どもの存在に注目し，子どもと真剣に向き合い，内面を育て，地域や職場や社会で機能する行動やスキルを身につける教育実践を行って欲しいと，心から願っています。

　本書では，新学習指導要領による教育実践の在り方についても整理しました。新学習指導要領も決して，新たな教育を求めているのではありません。キャリア教育を含めて，今まで積み上げてきた教育実践がさらに充実，発展し，より確かなものにするための方向性を示したものであると，わたしは理解しています。現に新学習指導要領で求めているのは，意識，主体性，意欲などの内面を伴う行動やスキルを身につけ，地域や職場や社会で，生きて働く力を育成することです。できないことができるようになればよいのではなく，また身についていないスキルが身につけばよいのではなく，生きて働く，できることやスキルの重要性を示しています。受動的な学びでなく能動的で，主体的な学びを求めています。主体的な学びでなければ生きる力，働く力に結び付かないという考えです。

　できることが多く，スキルも高いのに職場で通用しない子どもがたくさんいます。原因は人間性が育っていないためです。この人間性を育てる教育も新学習指導要領では取り上げられており，これからの重要課題です。また，応用，般化も問題になっています。学校でできることが，他の生活場面，すなわち地域や職場では通用しないことが多いからです。こうした課題にも積極的に取り組み，学校卒業後の人生が生きがいのあるものになる教育実践が，これからの教育であると理解しておかなければなりません。

　こうして述べると，課題が山積しているように思えますが，決してそうではありません。要は，すべての子どもたちの可能性を求め続け，一人一人に応じた指導を充実し，一人一人の人生の質を確実に高めていこうとしている

のです。今まで最終目標としてきた自立や社会参加や就労は当面の目標に変わり，最終目標は人生の質を高めることにある，ということをしっかりと認識し，これからの教育を考えればよいのです。

　最後に，わたしは，障害を持つ子ども一人一人が地域で，職場で，社会で，生きがいを持って堂々と，輝く生活ができるようになる教育実践を実現することが特別支援教育の教師の専門性だと理解しています。本書がそのための一助になればと願っています。

著者　上岡一世

もくじ

第2章　人生の質を高める学校教育

第**3**章　人生の質の向上と教育課程の3本柱

第4章 新学習指導要領を取り入れた キャリア教育の実践

第1章　今までの教育とこれからの教育

　言うまでもなく特別支援教育は，大きな転換期を迎えています。決して今まで行ってきた教育を否定するものではありません。また，新たな教育が始まろうとしているのでもありません。今までの教育のよさや，すばらしさを認識しつつ，どこに課題や問題があるのか，今後の教育のさらなる発展，充実を図るためには，何に焦点を当て，どこを，どのように見直さなければならないのか，を明らかにすることが求められています。

　この章では，日本の特別支援教育は，障害児教育のスタート当時からどのような取り組みと変遷を経て，今の教育が確立したのか，今後，何を目標とした教育を目指そうとしているのか，特別支援教育の実践の歴史を振り返りながら，キャリア教育を取り入れた，これからの特別支援教育の重要性と方向性について明らかにしてみたいと思います。

1 日本の障害児教育の変遷

　日本と諸外国の障害児教育の違いはどこにあるのでしょうか。端的に言えば，日本は分離教育中心，諸外国は統合教育中心ということになります。今は日本でも統合教育の重要性が指摘されていますが，まずは，日本の分離教育のすばらしさを再認識して欲しいと思います。日本の分離教育は諸外国の教育関係者からも，その教育内容，教育方法が注目されています。分離教育で，子どもたちが自立，社会参加，就労ができている教育実践に視線が注がれているのです。これは，日本の障害児教育が，スタート当初から，常に子どもたちの実態から目を離さず，一貫して将来のよりよい社会生活を実現することを目指して，熱心に教育実践を積み重ねてきた成果だと言っても過言ではありません。

　では，日本の障害児教育がどのような変遷を経て今の教育が確立したかを簡単にたどってみたいと思います。

⑴ 分離教育と統合教育

　日本の障害児教育は，分離教育ではなく統合教育からスタートしています。ただし，意図したものではなく，そうせざるを得なかったというのが実情です。統合教育と言っても，障害のある子どもの実態や能力に配慮したものではなく，通常学級に入って，通常の子どもと同じ教科学習を受けるという教育です。対象は障害が軽度の子どもが大半で，障害が重度の子どもは，当時は就学猶予という制度があり，学校へ入学すらできない状況にありました。通常学級に入った障害のある子どもがどういう学習状況だったかというと，それはもう言うに及ばずです。低学年のうちは，何とか学習についていくこともできたのですが，中学年，高学年に進むにつれ，ほとんど学習が理解できなくなり，教室で授業は受けているが，ただ座っているだけの，お客さん状態でした。子どもたちにとっては気力も，やる気も出ない学校生活を強いられていたのです。

　誰もが，これでは子どもたちは発達するどころか退行していくと危機感を抱いたのは言うまでもありません。何とかしなければいけない，と始まったのが，障害児学級（特殊学級）すなわち分離教育です。障害のある子どもは障害児学級で授業を受けるようになったのです。そうなると，当然ながら今まで学校への入学を遠ざけられていた障害が重度の子どもたちも障害児学級に入学するようになりました。ところが，今度は，障害が軽度から重度まで幅広い子どもたちが障害児学級に在籍することになったため，障害児学級の学級運営に困難をきたすようになり，次に養護学校（特別支援学校）が生まれたのです。障害が重度の子どもたちは養護学校で教育を受けるようになったのです。日本の障害児教育は落穂拾い的に分離教育へと進んでいった歴史があるのです。ただ，日本の障害児教育が単なる処遇を中心として分離教育に進んだのなら大いに問題がありますが，障害児学級，養護学校共に個々の障害や能力の実態に合わせた専門性を伴う教育を徹底していったところによさがあります。子どもたちの障害や能力の実態に合わせて，熱心に教育内容，教育方法を研究したり，実践したりを繰り返しながら発展してきたところに，

日本の障害児教育のすばらしさがあるのです。

(2) 分離教育の指導内容

　一体，分離教育の中で，どういう教育が行われ，今の教育が確立されたのでしょうか。先達の，子どもたちに寄り添い，思いの詰まった実践の数々を振り返りながら述べてみたいと思います。

　通常学級から障害児学級（特殊学級）に移った子どもたちは，どういう教育を受けていたのでしょうか。当然ながら，通常教育と同じ教科中心教育です。理由は，「教科学習は学校教育でしか保障できない。障害があるからとか，障害が重いからといって，むずかしいと片づけていいことではない。いくら障害があっても，障害が重くても，その子に合った教科学習ができるはずである。発達年齢1歳には1歳の教科学習がある」という考え方に基づいています。これは水増し教育と言われていました。先生方は能力や障害にかかわらず，個々に応じた教科学習を熱心に，かつ徹底的に取り組んだのです。

　例えば算数を挙げると，ある子どもには，簡単な計算ができるようにと，毎日繰り返し教えました。できるようになると，今度は，この計算力を使って簡単な応用問題に取り組みました。ところが，今までに身につけた計算力があれば容易にできるはずの応用問題が全くできませんでした。子どもは文章を読みもしないで，「これは足し算ですか，引き算ですか」と先生に尋ね，足し算と言われれば，内容に関係なく足し算をし，引き算と言われれれば引き算をするという状態でした。先生は，これは，応用問題を解く学習経験の不足が原因である，と考え，徹底して応用問題を解く学習に取り組んだのです。その結果，応用問題も何とかできるようになりました。次は，これが実際の場でどれだけ使えるか，応用，般化ができるかを確かめるための学習を行ったのです。これも，計算ができるのに応用問題ができなかったのと同様に，応用問題で身につけた力を使えば容易に実際の場でもできるはずのことが，全く使えなかったのです。子どもの実態に合わせ熱心に取り組んできたことが，この子どもたちには効果的に作用しないことが分かったのです。

⑶ **教科学習の限界**

　こうした事例は全国各地の現場で報告され，この子どもたちに合った教育の開発に着手することが求められるようになりました。まずは，なぜ教科学習が彼らに通用しないかを明らかにする必要があります。先の算数の事例から分かったことは，この子どもたちは，計算は計算，応用問題は応用問題，実際は実際で，それぞれの学習場面によって思考の働きが違い，それらが，互いに作用したり，統合したりすることがむずかしい特性を持っている，ということです。思考の統合ができない彼らに，思考の統合が必要な教科学習を中心とした教育が，果たして適切であるのかどうかが問われ，真剣な検討が重ねられました。

　その結果，彼らには実際の体験を通して学ぶ，すべての学習を統合した生活体験学習が効果的である，という教育の方向性が得られたのです。その根拠について少し述べてみます。

　まず１つ目は，教育の目指すことの１つに理解力の向上があります。理解力には知的理解力と行動的理解力があります。知的理解力は主に教科学習を通して理解する力です。通常の子どもであれば，教科学習を通して知的に理解したことを，実際の生活やさまざまな活動に生かし，般化させることができますが，障害のある子どもたちはそれがむずかしいのは先に述べた通りです。そこで，彼らには，実際の行動や体験を通して得られる行動的理解力を高め，行動的理解力を通して，知的理解力の向上を図っていこうとしたのです。

　２つ目は，ことばやかずの成り立ちから考えて，言えることです。ことばやかずは言うまでもなく，最初から外界に存在したものではありません。ことばは生活する中で人とのかかわりを通して発達してきました。かずは生きる手段として発達してきました。ことばやかずがあって生活があるのではなく，生活の中で必然的に生じ，より便利な，豊かな生活を目指す中で発達してきたのが，ことばやかずです。従って，生活に生きることばやかずを身につけようとするならば，ことばやかずを教えるのではなく，人とのかかわり

を増やしたり，主体的，意欲的に活動する具体的な生活体験を増やしていくことが必要である，ということになります。

　こうして，実際の生活を通して生活力を高める学習の必要性が生まれ，生活体験学習がこの教育では欠かすことのできない学習として位置づけられたのです。

⑷　生活学習の取り組み

　今までの学習は，教室で教科書を使って授業をするのが中心でしたが，これからは教室から外に出て，具体的な生活を通して理解力を高め，生活力を身につける授業を行わなければならないのですから，当然ながら現場の教師が混乱したことは言うまでもありません。教師からは「教師なのに教師らしからぬ授業をしなければならずストレスがたまる」「障害児学級（特殊学級）担任から早く抜け出し通常学級に帰りたい」「生活学習と言っても何をやっていいか分からない」「通常学級の教師から特殊学級の教師は授業をしなくていいからいいな，などと嫌味を言われる」等の声が聞かれました。戸惑ったのは子どもたちも同じです。教室を抜け出して，外での授業が中心になったのですから当然です。しかし，子どもの方が教師よりも適応するのが早かったのです。意欲的，主体的に取り組むことができる実際的な学習であったからです。

　実際にどういう授業が展開したのでしょうか。一口に生活と言っても，その幅は広いですから，何に焦点を当てて取り組めばよいかがむずかしく，実にさまざまな生活学習が行われました。相変わらず教室での授業にこだわり，教科の具体化，生活化を考え，ごっこ的な学習を行う人もいました。また，教室外での生活学習を始めたものの，実際は，子どもの生活実態に合わせた生活や系統性を重視した生活ではなく，教師の考えた，思い付きの生活に終始する人もいました。何をやっても生活であるという，幅広さをいいことに，地域を散歩する人もいました。まさに生活学習は教師の混乱の中，思い思いに展開されたのです。

多くの現場で，当初に考えた生活学習と随分かけ離れた学習が展開したため，その改善に向けた検討が行われました。その結果，もっと学習の目的を明確にし，学習の成果が確認できる授業にすべきであるという考えのもと生まれたのが生活単元学習です。生活学習に変わって，定義づけや目的が明確にされた学習形態が示されたのです。

(5) 生活単元学習の導入

生活学習のねらい，目的を明確にし，学習内容，学習方法を具体的に示したのが生活単元学習です。その導入のポイントを挙げてみます。

＊生活学習に生活単元学習として単元が入った理由＊

生活学習は，先生方には生活に関することなら何をやっても成立するという考えがありましたが，生活単元学習は違います。

生活学習でなく単元を入れて生活単元学習としたねらいを少し述べてみます。単元とはまとまりを言います。従って生活単元は生活のまとまりということになります。生活としてまとまりのある学習が生活単元学習になります。単発的な生活を単に組み合わせるのではなく，連続的で見通しが持てる生活，生活感を味わうことのできる生活，すなわち自分で考え，生活課題を主体的に解決しながら目的，目標に向かって進んでいくことで，生きがいのある自分の生活をつくっていく学習ということになります。生活力を身につける学習というよりは，生活の質を高める，生活意欲を高める，生きる力を高める学習と言えます。

＊具体的で現実的な生活であること＊

生活学習の取り組みでは，具体性は重視されましたが，現実的でない学習がたくさんありました。教室で買い物ごっこをするなどの学習がそれにあたります。実際のお金を使って，本物の品物を利用した買い物学習であっても，教室での学習はごっこでしかなく，それが実際の買い物に般化するかという

と，これは先にも述べたように，そうならないのが彼らの特性です。ごっこはごっこでの思考の働きであり，実際の場面での思考の働きとは，全く違います。実際の生活で通用する力を身につけるためには，実際にあり得る現実的な生活の中で，具体的な生活課題と向き合い，自ら解決する体験が必要です。これが生活単元学習です。

＊作業学習，日常生活の指導の導入＊

生活単元学習が現場に定着し，実践が積み重ねられ，次第に充実してくると，先生方から自然に「生活は働くことを抜きにして考えられない。具体的，現実的な働く学習が必要ではないか」という声が上がりました。そこで設定されたのが作業学習です。作業学習は生活単元学習の導入と同時に取り入れられたのではありません。生活単元学習で生活の充実を図っていく中で必然的に生まれたものです。

当初は生活単元学習の延長としての意味合いが濃く，作業活動を通して製品を作り，販売し収入を得るという「バザー単元」など，生活を重視した作業学習が主でしたが，次第に，就職に結び付く，より現実的な作業学習へと変わっていきました。実際に職場で行っている作業を，そのまま学校現場に取り入れ，いわゆるミニ工場のようなものを作り，作業学習を行ったのです。教師が工場長で，生徒が工具といった感じの学校工場方式での作業学習です。これは，かなりの成果が出て，実際に多くの子どもたちが就労に結び付きました。ただ，それは，ほとんどが障害が軽度の子どもたちで，障害が重度の子どもたちは，残念ながら取り残されたままでした。現場の先生から，「果たしてこうした作業学習でいいのだろうか」と疑問の声が上がり，作業学習の在り方が見直されることになりました。

障害が軽度の子どもを主な対象にした学校工場方式の作業学習から障害の重度の子どもたちも含むすべての子どもたちを対象にした，全人的発達（知識，技能に偏ることなく，人間性を調和的，総合的に高めること）を目指す作業学習へと変わっていきました。これが現在行われている作業学習です。

変更に際して，現場の先生方の中には現実的な学校工場方式の作業学習がなくなると就労にも影響するという声が上がったことは言うまでもありません。そこで取り入れられたのが現場実習です。現実的な作業学習が必要であるなら，何も学校でしなくても現実的な職場を利用する方がより効果的ではないかという考えです。生活単元学習を土台にして，将来の働く生活を考えた作業学習の方向性が明確にされたのです。

さらに，生活の土台は日常生活の自立にある，ということから，日常生活の指導がクローズアップされ取り入れられました。現場の先生方の長い間のたゆまない実践の積み重ねにより「日常生活の指導」「生活単元学習」「作業学習」の3本柱が確立し，教育課程の中核として発展していくことになったのです。

「日常生活の指導」「生活単元学習」「作業学習」の3本柱は生きる力，働く力を育て，彼らの人生をより豊かにする指導として確立できたのです。まさにこの3本柱は，日本が独自に編み出したすばらしい学習なのです。このことはすべての教師がしっかりと理解した上で，これからの教育を考える必要があります。この3本柱は今後も発展しながら，ずっと重視し続けなければいけない，この教育の中心的学習であると認識しておいて欲しいと思います。

(6) キャリア教育の導入

「日常生活の指導」「生活単元学習」「作業学習」の3本柱が軌道に乗り成果を上げていたときに導入されたのがキャリア教育です。キャリア教育は一言で言えば，人生の質を高めるための教育で，具体的には「勤労観，職業観を育てる教育」「生きる力，働く力を育てる教育」として取り入れられました。これは，先に述べたように，障害児教育が進めてきた教育そのものであることが分かると思います。当然ながら，キャリア教育が示されたとき，特別支援教育では，自分たちが行ってきた教育そのものであるという自負もあり，キャリア教育を取り入れようとする動きはあまりありませんでした。しかしながら，我々がキャリア教育そのものの教育を行ってきたことは事実で

あっても，その成果が出ている教育実践が行われていたかどうかは検証しなければ分かりません。実際に検証してみて成果が確認できて初めて，我々の教育のすばらしさをアピールできることになります。

　実際に我々が行ってきた教育実践をいろいろと調べてみると，確かに子どもたちのスキルは確実に向上し，できることも多くなっています。さまざまな生活体験も積み重ねてきています。しかし，それらが実生活や職場や地域で機能しているかとなると，せっかく身につけた高いスキルが職場でほとんど発揮できていないとか，学校では確実にできることが職場では問題点として指摘されるとか，12年間積み重ねてきたさまざまな生活体験がキャリアとして積み重ねられているわけではなく，単発的なその場限りの体験になっているなど，多くの課題が見えてきました。これらは，キャリア教育の視点で検証してみて分かってきたことです。決して今まで我々が行ってきた教育が間違っていたわけではありません。むしろ，自信を持って積み上げてきたすばらしい教育であると思うべきです。ただ，さらなる特別支援教育の充実，発展を願うと，キャリア教育の視点から検証して見えてきたことを改善していく必要があります。

　では，なぜ子どもたちが身につけてきた力が機能しなかったのでしょうか。検討してみると，内面の育ちが伴っていなかったことが分かってきたのです。スキルは高いけど，訓練により身につけたものが多く，自らが意欲的，主体的に，また，努力して身につけたものではなかったのです。できることは多いけど限定された環境の中でできるだけで，それらを実生活で主体的に発揮するための学習がされていなかったのです。さまざまな生活体験を積み重ねてきたのですが，自らが体験して生活の仕方を学ぶのではなく，教師があらかじめ用意した体験をさせることがほとんどで，せっかくの体験が心に残らない体験になってしまっていたのです。

　こうした検証により，行動やスキルに焦点を当てた学習を行うのではなく，内面を伴った行動やスキルを身につける学習を行うことが求められるようになったのです。これが特別支援教育にキャリア教育を取り入れなければなら

ない重要な視点なのです。今まで，我々が進めてきた生きる力，働く力を高める教育は間違いではなかったのですが，さらに，質の高い生きる力，働く力を高めるためには，内面を育てる教育が重要であるということです。これがキャリア教育を特別支援教育に取り入れた最大のポイントです。今までの特別支援教育に足らなかった，キャリア教育の一部を取り入れた教育が始まったと理解して欲しいと思います。

(7) 新学習指導要領への対応

キャリア教育を取り入れた特別支援教育が軌道に乗り始めたときに，新学習指導要領の内容が示されました。新学習指導要領は特別支援教育に何を求めているのでしょうか。この教育は今後どういう方向に進もうとしているのでしょうか。キャリア教育の視点から考えてみたいと思います。

わたしは以下の2つが重要であると考えています。

＊キャリア教育の一層の充実＊

新学習指導要領は生きる力，働く力の具体化を求めています。生きる力，働く力を育てるのは，この教育で，ずっと求めてきた欠かすことのできない目標です。しかし今度は，確実に生きる力，働く力を育てるためには，どういう指導を行わなければならないかを具体的に示すことが必要になります。目標の設定が重要なのではなく，目標を実現するための具体的な教育内容，教育方法が重要なのです。

では，具体的にどうすればよいか，ということになりますが，これは，新たな取り組みを考えるというのではなく，今まで積み上げてきたキャリア教育をさらに充実するためにはどうすればよいかを考えればよいのです。キャリア教育をさらに発展させるための充実した取り組みを行えば，自ずから，機能する生きる力，働く力は身につくはずです。

これからの特別支援教育は，キャリア教育を抜きにしては考えられません。キャリア教育をしっかりと理解し，キャリア教育に基づく教育内容，教育方

法を検討し，生きる力，働く力が確実に育つ具体的な実践を積み重ねることが求められていると理解して欲しいと思います。

＊アクティブ・ラーニング＊

アクティブ・ラーニングとは，自ら学び，自ら課題解決を図り，自ら生きる力を高める学習を言います。新学習指導要領では指導方法の１つとして強調しています。これは，実は特別支援教育においては，生活単元学習が設定された当時から重視してきたことで，生活単元学習の指導法の基本と言われていることです。ただ，これが，どれだけ実際の指導で浸透し，生かされていたかは問い直してみる必要があります。

ここで注目すべきは自ら生きる力を高めるというところです。生きる力は教師の指導や訓練で身につくものではなく，自らが，自らの力で身につけていくものである，ということを理解する必要があります。教師は，これからは子どもが自らの力を高めていく支援と，自らの力で生きる力を高めていく支援の在り方を考えなければなりません。生きる力を身につけさせる学習を設定するのではなく，自ら生きる力を身につけていく学習を設定し，どういう支援をすれば，それが実現できるかを考えるのです。自らが学びたくなる学習，意欲的，主体的に取り組むことのできる学習，興味の持てる学習を考え，自分の持つ力を最大限生かして，課題を解決する体験を積み重ねることが重要になります。

生活単元学習が設定された当時の基本的な考え方を重視し，生きる力を確実に身につける学習を行い，成果を示していく学習がアクティブ・ラーニングであり，これからの教育に求められている学習法なのです。

2 キャリア教育の本質の理解

キャリア教育とはどういう教育か，いまだに理解できていない先生がかなりいます。言っていることは分かるが，実際の指導でどうすればよいのかが分からない，という先生も少なくありません。先に述べたように，これから

はキャリア教育の発展，充実の時代に入りましたので，今一度，キャリア教育の本質を理解して欲しいと思います。

　まず，キャリア教育とはどういう教育か，今までの教育とどこがどのように違うのか，指導法の違いは何か，実践につながる視点で述べてみたいと思います。

(1)　キャリア教育とは

　まず1つ目は教育目標の視点の違いを理解して欲しいと思います。

　今までの教育とキャリア教育を取り入れた教育の違いを一言で言えば，今までの教育は学校卒業時に焦点が当てられていましたが，キャリア教育は学校卒業後の人生に焦点が当てられています。今までの教育は，学校卒業時に子どもたちが自立，社会参加，就労できるようにするためには，学校教育12年はどうあればよいかを一生懸命考えてきました。キャリア教育を取り入れるとそうではありません。学校卒業後の50年，60年以上ある人生に焦点を当てなければなりません。子どもたちの学校卒業後の人生が，より豊かに，質の高いものになるためには，学校教育12年間をどのようにすればよいかを考えることになります。学校卒業時でなく学校卒業後に焦点を当てた学校教育を考えるのです。キャリア教育の導入は，まさに一生を考える教育が始まったと言えます。

　2つ目は能力や障害に関係なく，すべての子どもに可能性のある教育を実現する必要があります。

　今までの教育は何をするにしても能力や障害が重視されることが多くありました。能力が低いから，障害が重いから，自立，社会参加，就労はむずかしいとされることが多く，最初から目標の実現をあきらめていたこともありました。しかし，これからは人生の質を高めるのが目標ですから，むずかしいと言ってはおれません。自立，社会参加，就労はむずかしくても，人生の質を高めていくことは個々に応じて実現できることですし，また，やらなければいけないことです。言うまでもなく，教育は子どもの可能性を求め続け

なければ成立はしません。可能性を求めるからこそ，子どもは発達，成長します。これからの教育は可能性を求め続ける必要がある，と理解して欲しいと思います。

　３つ目は学校卒業後の教育を充実させる必要があります。

　学校卒業後の人生の質を高めるための学校教育12年間が充実していても，それだけで質の高い人生が送れるとは限りません。キャリア教育は一生を考える教育ですから，当然ながら，学校卒業後の彼らへの教育をも真剣に考えなければなりません。学校を卒業しても，地域や職場や社会で生きていくためには学ばなければいけないことはたくさんあります。

　例えば，実際にあったことを列挙してみますと，「職場で給料の明細書をもらっても見方が分からない」，「健康診断結果を見ても理解できないし，どうすればよいかが分からない」，「月給を生活のためにどのように計画的に使えばよいかが分からない」，「職場の人とどのように付き合えばよいかが分からない」，「余暇の利用の仕方が分からない」，「公共施設の利用の仕方が分からない」など，学校卒業後も，人生の質を高めるために行わなければならない教育支援はたくさんあります。

　日本の特別支援教育は学校教育が中心で，学校卒業後のことは，ほとんど本人や家族任せで，組織的な教育的支援は行われていないのが現状です。しかしながら，キャリア教育を充実，発展することがこの教育の目指す方向性であるならば，学校卒業後の学習環境の整備や日常的な教育的支援は欠かすことはできません。これは学校だけが担わなければならないことではありません。学校，職場，行政，家庭が連携を取りながら，どう組織化した教育体制を整えるかが問われていると思います。少なくとも，この子どもたちが質の高い生活をするために必要な学びの場は設定する必要があると強く思います。

⑵　生活の質を高める指導がポイント

　では，キャリア教育を取り入れるとは，具体的にどういう指導が求められ

ているのでしょうか。述べてみたいと思います。

　一言で言って，生活の質を高める指導がポイントになります。どういう学習においても常に，生活の質を高めることを意識して指導内容，指導方法を考えることです。ここでは3本柱を例に指導のポイントを述べてみます。

＊日常生活の指導＊

　生活の質を高める日常生活の指導はどうすればよいのでしょうか。今まで行ってきた指導をどのように変えればいいのでしょうか。

　今までの日常生活の指導は，基本的生活習慣の確立に焦点を当て，できないことをできるようにしたり，スキルアップを図ったりするのが中心でした。その結果，学校では基本的生活習慣が確かに身につきました。しかし，それが実際の生活や職場で通用する力になったかというとそうではありませんでした。

　例えば，着替えは確立しており，全く問題ないと言われたある子どもは現場実習先では，大勢が入って着替えをする更衣室に入ることができませんでした。結局，みんなが着替え終わった後で着替えを始めたため，始業に間に合いませんでした。また，ある子は，更衣室で学校と同じように周りを全く気にせずマイペースで着替えをしたため，周りの人から邪魔になると指摘されました。

　学校で排泄は問題ないと言われた子どもは，職場でトイレに入っているとき，外からノックをされましたが，ノックを返すことができませんでした。

　手洗いはきれいにできると言われた子どもは，職場で手を洗う行為はしますが，手や顔についた汚れを落とすことができませんでした。手を洗うことの意味が理解できていませんでした。

　このような例からも分かるように，学校でできることが日常生活の指導の目標ではなく，実生活や職場で通用することが目標である，と理解して指導を行うことが生活の質の向上につながるのです。これがキャリア教育の考え方です。実生活や職場で通用するためには，できるようになるための日常生

活の指導でなく，生活の質を高める日常生活の指導を行うことが求められているのです。できるようになったから，スキルが身についたから目標が達成できた，ではなく，できるようになったことや身についたスキルが実生活や職場で通用し，般化するところまで，指導者が責任を持って指導を行う必要があるのです。

着替えを例に具体的に考えてみます。

先生方がよくする「着替えができる」という評価は行動面の評価ですが，生活の質を上げるためには，内面を評価する必要があります。

具体的に言えば，以下のような目標を設定し，できることの質を上げていく指導をして欲しいのです。

①　着替えなければいけないという意識を持って着替えができる

着替えができても，着替えなければいけないという意識が低ければ，実生活では通用しません。意識を伴う着替えができて初めて機能する着替えが身についたと言えます。「着替えなさい」と言われて着替えができるのが目標ではありません。何も言わなくても自らが進んで着替えができるようにする必要があります。下校時に主体的に着替えができるのは，もうすぐ帰るという目的意識を持っているからです。登校時にもこうした意識を持たせて欲しいと思います。

②　着替えた後に何をすべきか，見通しを持って着替えることができる

着替えをすることを目的とした指導を行ってはなりません。こんな指導をいくら熱心に行って，結果として着替えができるようになったとしても生活の質は向上しません。着替えは，着替えた後の行動が予定されているから着替えるのです。このことをしっかり子どもに認知させる必要があります。そういう意味では，「着替えなさい」という指示を出すよりも「早く着替えて掃除に取り掛かりましょう」など，子どもが次への行動を意識できる働きかけをすべきです。

③ 着替えの目的，必要性を理解して着替えることができる

着替えは学校や家庭だけで行うものではありません。あらゆる生活の場で必要に応じて行うものです。それができるようになるためには，着替えの目的，必要性が理解できていなければなりません。少なくとも，汚れたら着替える，汚れる活動をするときは，事前に着替える，部屋着と外出着の違いを理解して着替えるなどの行動は取れるようにしておくべきです。

④ 周りを意識して，周りに配慮しながら素早く着替えをすることができる

周りを意識し，周りに配慮しながら素早く着替えをする，これは，職場や地域での着替えの基本マナーです。この基本マナーが身についていないと周りから受け入れられません。人は周りから受け入れられ，認められるからこそ生活の質を高めることができます。日常生活の指導は，基本的生活習慣が身についていることが重要なのではありません。基本マナーを伴った基本的生活習慣（基本行動）が確立できているかが重要であると理解しておくべきです。

＊生活単元学習＊

生活単元学習はまさに生活の質を高める学習です。しかしながら，生活単元学習を通して，実際に，子どもたちの生活の質が高まっているかというと，そうではないように思います。では，どこに問題があり，どいう指導を行う必要があるのでしょうか。

端的に言えば，学校現場で実際に行われている生活単元学習は生活スキルの向上に重点が置かれ過ぎています。また，実際の指導においても，まだまだ，させられる学習が多く，自ら主体的に取り組む学習設定が行われていません。生活単元学習は生活を中心とした課題解決学習であり，生活の質を高めるための学習です。そうであるならば，学習を進めるにあたっては，何よりも子どもが生活課題を理解していることが前提です。そして，その解決に向けて主体的に取り組む学習設定が行われていなければなりません。生活ス

キルはこうした体験を通して，自らが向上を目指すものです。このようにして身についた生活スキルであってこそ生活で機能するのです。質の高い生活の質が実現するのです。

　では，具体的にどういう学習設定をすればよいのでしょう。

　まず，目標設定を，生活スキルの向上から生活の質の向上へ変えて欲しいと思います。機能する生活スキル，般化する生活スキル，生活が間違いなく豊かになる生活スキルを身につけて欲しいのです。具体的に言うと，例えばお金の計算ができるようになって欲しい，という目標を設定し，学習計画を立てている場合がよくありますが，その目標をもう少し発展させ，「お金の計算ができる」から「進んで買い物に行くことができる」という目標に変えるのです。生活に般化するところまで責任を持って取り組む学習計画を立てるのです。お金の計算ができるのを目標にするのであれば，この子はお金の計算ができるようになれば，間違いなく進んで買い物に行くことができるようになるという，目標のゴールに見通しを持って取り組む必要があります。生活の質を確実に高める目標設定をし，そのためには，どうしてもお金の計算が必要であると考えるなら，徹底してお金の計算の指導をすればよいのです。ただし，最終のゴールへの到達だけは果たさなければなりません。

　これは，他のどんな生活単元学習においても同じです。まずは，生活の質を高めるゴールを設定し，そして，それを実現するためにはどういう目標をどういう順序でクリアしていけばよいかを考え学習計画を立てて欲しいと思います。

＊作業学習＊

　作業学習は職業生活の質を高める学習です。果たしてそういう学習が，今行われているのでしょうか。どうも，そうではないように思います。作業学習で職業生活の質を高める学習ができているからこそ職場に適応できるのです。就職しても職場に適応できない子どもがたくさんいますが，これは，言うまでもなく職業生活の質を高める作業学習が行われていないことが原因に

他なりません。

　では，具体的にどうすればよいのでしょうか。

　作業学習は彼らの就労を実現するための学習ではありません。就労した後，いつまでも就労を維持し，豊かな職業生活を送るために行われる学習です。

　そのために何よりも重要なのは人間性の育ちです。

　ある高等特別支援学校は100％の就職率を目指して開校した学校です。しかもその就職は通常の高校生の就職と変わらない待遇で実現するというものです。そのために，先生方が力を入れたのは職業技能の向上と高いスキルを身につけることです。その努力が実り，毎年100％の就職率を達成したのですが，その反面，離職する子どもも多いことが分かってきました。先生方も当然，就労の維持は目標としてきたことだったのですが，そうはいかなかったのです。離職の原因を調べてみると，子どもたちは，職場で通用する職業技能は身についていましたが，人間性が育っていないことが分かったのです。就労するためには職業技能は大変重要ですが，就労を維持するためには，職業技能よりも人間性が重要であることが確認できたのです。

　この例からも分かるように，我々はともすると，作業学習では作業をすること，作業ができるようになることに力を入れようとします。職場に適応し，職業生活の質を上げるための人間性を育てることを忘れているような気がします。これからは，人として生きていくために必要な，マナーや応対や言動，さらには内面の育ち（意識，主体性，意欲）にもっと目を向け，人としてのバランスの取れた総合的な発達を目指した作業学習を考える必要があります。

3 特別支援教育に求められているキャリア教育

　特別支援教育には，通常学校に求められているキャリア教育のすべてが必要なのではありません。先にも述べた通り，特別支援教育には，昔から，子どもたちの将来の働く生活を考えた教育を求めて実践を積み重ね，確実に成果を上げてきた，すばらしい教育の歴史があります。早くからキャリア教育を取り入れた実践も行ってきたという自負があります。

では，今，特別支援教育にキャリア教育の何を取り入れようとしているのでしょうか。今一度，整理しておきたいと思います。

　キャリア教育は「勤労観，職業観を育てる教育」と言われています。具体的には勤労観は生きる力，職業観は働く力を言います。すなわちキャリア教育とは「生きる力，働く力を育てる教育」ということになります。これは，この教育が進めてきた，教育実践で最も大切にしてきた教育そのものです。特別支援教育はキャリア教育が取り入れられる前に，キャリア教育の実践を積み重ねていたのです。キャリア教育が示されたときは，他の教育が特別支援教育で行ってきたキャリア教育を参考にすればよいのではないかという考えさえありました。しかしながら，今一度，我々が進めてきた教育実践を振り返ってみると，課題が出てきました。我々はずっと生きる力，働く力を育てる教育を進めてきましたが，その成果が出ているかとなると，まだまだ指導法の検討が必要であることが分かってきました。できることもある，スキルも身についているが，なぜ，それが生きる力，働く力につながらないのか，実際の生活では通用しないのか，探ってみると，内面の育ちを伴っていないことが分かってきました。この点に焦点を当てて教育をしていくのが，これからのキャリア教育を取り入れた特別支援教育になります。

　特別支援教育におけるキャリア教育は「内面を重視する教育」すなわち「意識，主体性，意欲を育てる教育」ということになります。もっと具体的に言えば「内面を伴う行動を育てる教養（意識してできる，主体的にできる，意欲的にできる，意識してスキルを身につける，主体的にスキルを身につける，意欲的にスキルを身につける）」と言えます。学習活動で言えば，「日常生活の指導では意識の向上」「生活単元学習では生活意欲の向上」「作業学習では働く意欲の向上」をそれぞれが目指さなければならない目標となります。

　こうした内面を重視した教育を大切にしていけばキャリア教育が最終的に目指す「人生の質の向上」が，間違いなく実現するという考え方です。

4 教育課程の３本柱の見直し

　それでは，特別支援教育はこれからどうあればよいか，教育課程の３本柱を中心に，今までの教育とこれからの教育の違いを示しながら述べてみたいと思います。

　下図に今までの教育とこれからの教育の違いを示してみました。

今までの教育とこれからの教育

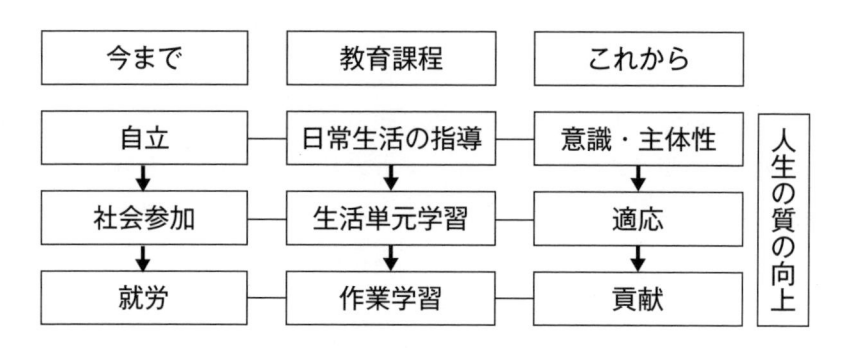

　教育課程の３本柱の位置付けは変わりませんし，変えるべきではありません。今後もこの３本柱を中心にして，この教育を発展させていかなければなりません。ただし，指導内容と指導方法は今までと違ってきます。違っていかなければ，キャリア教育が求める生きる力，働く力を身につけることはむずかしいのです。

　では，指導内容と指導方法はどのように変わっていかなければならないのかを説明します。

　指導内容と指導方法は，当然ながら教育目標の変化によってその在り方を考え直す必要があります。

教育目標はキャリア教育を取り入れてどのように変化したのでしょうか。今までの教育目標は，どの学校でも，自立，社会参加，就労の実現でした。学校教育12年間でどういう教育を行えば，子どもたちの自立，社会参加，就労が実現できるかを真剣に考えてきました。しかし，これからは人生の質の向上が教育目標となります。決して今までの教育目標はどうでもよいというのではありません。子どもたちの将来の人生の質を高めることを真剣に考えた目標設定をしなければならないということです。

　では，人生の質を高めるためにどういう教育に変わっていかなければならないのでしょうか。人生の質は自立，社会参加，就労を実現することで向上します。自立，社会参加，就労を実現することを抜きにしては人生の質の向上はあり得ません。では，今まで通りでいいのではないかというと，そうではありません。必ず目標を実現するための目標設定にしなければならないのです。具体的には，自立，社会参加，就労の実現は当面の目標で，人生の質の向上は最終目標ということになります。自立，社会参加，就労を実現することで人生の質は向上するという考え方です。ただし，自立，社会参加，就労を実現するためにどういう教育を行うかが重要です。今までのように，能力や障害の程度に応じて自立，社会参加，就労の実現が左右されるようでは，人生の質の向上という目標は達成できません。これからは，能力や障害にかかわらず，すべての子どもの自立，社会参加，就労を実現する教育が求められていると同時に，常に，すべての子どもたちの将来を意識して人生の質を高めるという最終目標に向かって教育実践を続けていく，ということになります。

　果たして，そういうことが本当に可能なのかと，疑問に感じる人もいると思います。そこで重要になるのが，自立，社会参加，就労を実現するための指導内容，指導方法の検討です。

　今まで，学校現場では，子どもたちの自立，社会参加，就労を目指してさまざまな指導を行ってきました。しかし，それがどれだけ成果を上げたかというと，私の見る限りではそれほど成果が上がっているとは思えません。な

ぜでしょうか。教育目標として挙げたものの，自立，社会参加，就労の定義が示されておらず，どういう指導内容を，どのような指導方法で教育することが効果的であるかが明確になっていなかったからです。これからは，この点を明確にして，確実に成果を上げる教育をしていく必要があります。そうすれば，自ずから人生の質の向上も実現できるはずです。

　では，当面の目標である自立，社会参加，就労をどのように定義づけ，指導を行えばよいのでしょうか。また，人生の質の向上とは具体的にどういうことを目標に置いているのか，について述べてみたいと思います。

(1)　自立

　すべての子どもが自立できるようにするためには，自立はどう考えればよいのでしょうか。

　自立は自活とは違います。何でも自分でできることとも違います。もし，これを自立と考えるなら，障害の軽い人は自立ができるが，障害の重い人は自立できない，ということになります。これは，この教育が求めることではありません。障害が軽くても，重くても，またどんな子どもであっても本人が努力さえすれば，誰もが自立できる，これがこれからの自立の考え方になります。

　自立を定義すれば，「子どもが持っている力を最大限発揮し，他から受ける支援を最小にした状態」ということになります。子どもが自分の持てる力を精いっぱい発揮し，自分でできることは他人に頼らず，自分らしい生活ができている状態です。ことばをかえれば，自分の能力や障害に応じて，意識的な生活，主体的な生活ができている状態ということになります。これなら，能力や障害の程度に関係なく，すべての子どもに自立の可能性があることが分かると思います。この定義に当てはめると，障害が軽度の子どもであっても自立できていないケースもたくさんありますし，障害が重度の子どもであるのに自立にふさわしい生活ができているケースもたくさんあります。

　教師が，こうした定義を理解し，早い時期から自立に向けた指導や対応を

積み重ねれば，自立的な生活ができる子どもがたくさん増えるのではないかと思うのですが，どうでしょうか。

　もう一度確認します。自立はできることの積み重ねではありません。主体的行動の積み重ねです。理想的な自立は，主体的にできる行動を積み重ねていくことです。自立の中心的な指導は日常生活の指導です。日常生活の指導で自立が確立できていることが次の社会参加の実現に大変重要なのです。

(2)　社会参加

　社会参加ということばは，この教育ではよく使いますが，社会参加とは一体どういうことを意味しているのでしょうか。社会参加に向けてどういう取り組みが必要でしょうか。なんとなくは理解しているが，具体的にどういうことか，についてはあいまいなままになっていることはないでしょうか。目標として掲げる以上は，具体的に定義づけをし，目標を達成する取り組みを行う必要があります。そうでなければ教育の成果は上がったかどうかも分かりません。具体性のない目標では指導計画を立てることはできません。具体的な目標を達成するための指導計画であってこそ，教育の成果が期待できるのです。

　では，社会参加とは何か，具体的に定義をしてみます。

　社会参加とは社会に参加することです。参加とは適応するということです。適応とは主体的に役割，課題を果たすことです。従って，社会で主体的に役割，課題を果たすことが社会参加になります。では，社会とは何でしょう。社会には言うまでもなくいろいろな社会があります。家庭も小さな社会です。学校も限定はされていますが学校という，まとまりのある社会です。地域という社会も，職場という社会もあります。子どもの発達年齢や生活年齢に応じて，その時々で子どもが直面する社会の中で，主体的に役割，課題を果たす生活ができているとするならば，社会参加はできていると考えるべきです。社会参加は子どもにとってふさわしい社会（家庭，学校，地域，職場）に適応すること，すなわちふさわしい社会（家庭，学校，地域，職場）で主体的

に役割，課題を果たすことだと理解をして欲しいと思います。

　社会参加（社会適応）を実現するための12年間の教育を図式化すると以下のようになります。

社会参加を実現するための学校教育12年間の段階的指導

①家庭で主体的に家族の一員としての役割を果たす
　（日常生活の指導）
②学校で主体的に役割、課題を果たす
　（日常生活の指導＋生活単元学習）
③地域で主体的に役割、課題を果たす
　（日常生活の指導＋生活単元学習＋作業学習）
④職場で主体的に役割、課題を果たす
　（日常生活の指導＋生活単元学習＋作業学習）

一質の高い社会参加を実現一

　目指すは，質の高い社会参加です。家庭，学校，地域，職場と段階的に適応の幅と質を広げていくことが質の高い社会参加を実現すると考えて欲しいと思います。もっと具体的に言えば，家庭，学校，地域，職場で主体的に役割，課題を果たすことを積み重ねることが，社会での適応力を向上させ，質の高い社会参加を実現する，ということです。

　指導の場は，家庭での役割では日常生活の指導が中心です。学校での役割，課題の中心は生活単元学習ですが，日常生活の指導も含みます。地域での役割，課題は生活単元学習が中心ですが，日常生活の指導と作業学習を含みます。職場での役割，課題は作業学習が中心ですが，日常生活の指導と生活単元学習を含みます。年齢に応じて生活が変わり，生活の幅が広がるにつれてより総合的な学習の場へと発展していくことが質の高い社会参加を実現すると理解して欲しいと思います。これが，これから目指さなければならない社

会参加です。

(3) **就労**

　就労は，教師も保護者も最も望んでいる目標です。しかしながら，その実現はなかなかに厳しく，能力や障害の程度により左右されることがほとんどでした。しかし，これからの教育はそうあってはなりません。すべての子どもの就労の可能性を探っていく必要があります。そのためには就労をどのように考え，どういう目標を設定していく必要があるのかを説明します。

　今までの就労実現のための目標は，職場の要求に応える職業技能を持った子どもをどう育てるか，にありました。職場の要求に応えることができる子どもが就労でき，そうでない子どもは就労できませんでした。そのため，ほとんどが能力や障害の程度により就労が決まっていました。今後はこれを改め，すべての子どもに就労の可能性がある就労の在り方を考える必要があります。そんなことができるのか，という声が聞こえてきそうですが，できるできないでなく，しなければいけないのがこれからの教育です。

　そこで，わたしが考えたのは，「就労の実現＝職場の要求に応える職業技能を持った子ども」ではなく，「就労の実現＝職場に貢献できる子ども」です。貢献とは，職場の要求に応える職業技能を持って作業ができる，ではなく，一人で質の高い作業ができる，としたのです。これならすべての子どもに就労の実現の可能性が広がります。貢献できる作業すなわち一人で質の高い作業ができたなら就労は実現できる，と定義づけたのです。果たして，この定義づけで就労が実現できるのでしょうか。

　このことを検証するために，わたしは，愛媛大学教育学部附属特別支援学校で校長をしているときに，卒業生を愛媛大学へ就労させることを考えました。当然ながら，就労のための条件は愛媛大学に貢献できる人材，すなわち一人で質の高い作業ができる，です。もちろん能力や障害の程度に関係なくです。わたしの「この子どもたちは障害を持っているため通常の人と同じ量の仕事をこなすことは難しい，しかしながら，仕事の質の面では通常の人に

負けない，いや，それ以上の仕事ができるようになることも多い。是非，採用の条件を貢献すなわち一人で質の高い作業ができる，にして欲しい」という訴えに，学長をはじめ，人事課を含めた大学関係者の皆さんが理解を示してくれました。そして，定義づけ通りの，「一人で質の高い作業ができる」をクリアした子どもの就労が実現したのです。決して温情による採用ではありません。人事課で実際に働いているところを評価してもらい，採用条件に合格した者のみが採用となっています。

　この定義づけは，先生方にとっても，保護者にとっても将来に期待の持てるものになりました。「障害の重い子どもでも，一人で質の高い作業ができれば，愛媛大学への就労が実現できる」という思いを教師と保護者が共有し，熱心な取り組みが始まったのです。最初の子どもが愛媛大学へ就労してから10年が経ちますが，今では18名の子どもが環境整備を中心に様々な学部で働いています。これだけの多人数が働くことができているということは，彼らが愛媛大学に貢献できる人材として，教職員や学生に認知されている，と言っても過言ではありません。就労者は障害も能力も幅広く，障害が重度な子どもたちもいますし，自閉症の子どももたくさんいます。

　組織図を示すと次頁の通りです。

　人事課の直属に環境整備室（愛 clean）があり，室長は，愛媛大学教育学部附属特別支援学校を定年退職した先生が務めています。現在３人目です。これも愛媛大学雇用が充実，発展してきた大きな要因だと言えます。室長の下にはチームリーダーを置いていますが，18名のリーダーとして子どもの代表者を置いています。室長，リーダーを中心としてみんなが協力し合う，集団としてのまとまり，仲間意識は年々深まりつつあります。これこそが愛媛大学教育学部附属特別支援学校が目指してきたキャリア教育であり，その成果が間違いなく発揮されていると自信を持って言えます。

　次頁に雇用条件を示します。

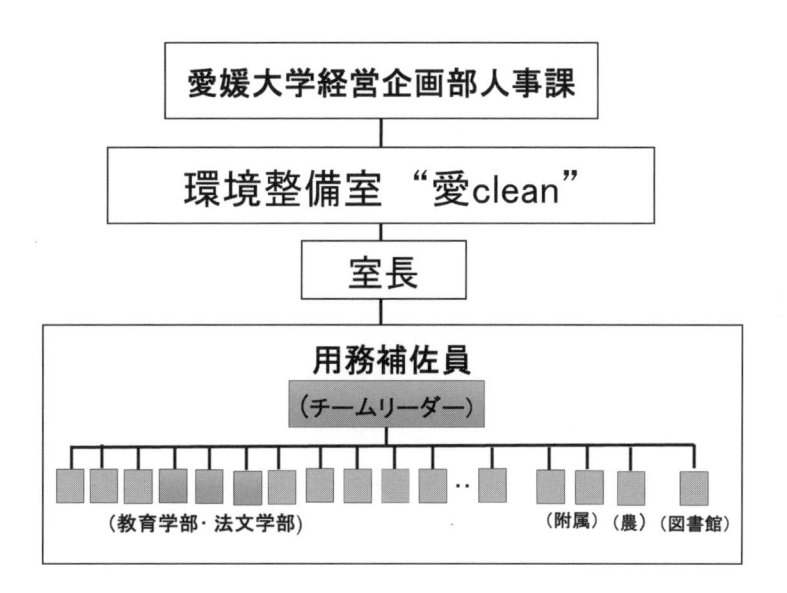

組織図

雇用条件

- ・職名―用務補佐員
- ・雇用期間―有期契約職員（満65歳となる年度末）
- ・勤務時間―9：00～16：00（土日祝日は休み）
- ・休暇―有給休暇（20日）、特別休暇
- ・賃金―時間給（最低賃金保障）、通勤手当、
  時間外勤務手当
- ・各種保険―社会保険、雇用保険、労災保険
- ・福利厚生
- ・アフターケア

雇用条件

これからも分かるように，障害があるからと言って，決して軽んじられていることはなく，むしろ十分過ぎるほどの条件が提示されています。今後ますます就労者は増えていくと思いますが，愛媛大学でなくてはならない貴重な存在として学内外共に高く評価され，認められるようになると信じています。わたしは，こういう就労が官民を問わず広がっていくことこそが，キャリア教育が目指すべき方向性であると思っています。

　機会があれば，是非，愛媛大学での働く卒業生の様子を見学して欲しいと思います。

⑷　人生の質

　人生の質を高めるとはいったいどういうことを言うのでしょう。抽象的でとらえどころがない，と思っている人も多いでしょう。しかしながら，わたしはキャリア教育の実践研究を始めたとき，目指すべきは，人生の質の向上だと確信しました。

　では，わたしが考えた人生の質の向上とは何を目指しているのかを具体的に説明します。

　わたしは人生の質の向上は生きがいある人生を送ること，と定義づけています。人生は一生を通してということですから，一生を通して生きがいのある生活を送ることができる，ということになります。学校生活12年間も，学校卒業後の生活も生きがいを実感できる日々を送ることができるようにすることが重要になります。

　では，そのためには具体的にどうすればよいのでしょうか。教育上，指導上重視し，目標とすべき内容を列挙してみます。これは，わたしが，学校を卒業し，職業生活を送っている人たちの生活実態を調べて，人生の質の向上のためにはこれだけは最低限身につけておかなければならない，と考えた内容です。

・得意と言えるものを持っていること

- ・自信の持てる活動があること
- ・好きな活動があること
- ・周りの人に必要とされていること
- ・周りの人に認められていること
- ・友達がいること
- ・自分らしさを発揮できていること
- ・余暇を楽しむことができること
- ・持っている能力が生かされていること
- ・受け身でなく能動的であること
- ・規則正しい生活のリズムが身についていること
- ・働いて収入を得ることができること

　こうしたことが満たされる生活ができているとしたら，間違いなく，質の高い人生が送れると理解して欲しいと思います。言いかえれば，学校卒業時点でこうしたことが満たされていないとするならば，学校卒業後，質の高い人生を送るのはなかなかにむずかしいと考えられます。もちろん学校卒業後に身につけていくことができないわけではありませんが，相当な努力がいることは間違いありません。

　列挙した内容を見ても分かるように，すべてが，能力や障害の程度により，目標達成が左右されるものではありません。また，生活年齢によって変わるものでもありません。小学部１年生から高等部３年生までに，人生の質を高めることを目標にして，一つ一つの内容を確実に達成し，卒業時点では，すべてをクリアした状態で実社会に送り出すことができるようにすることが重要です。内容の具体的目標は個々の実態に応じて設定することが必要であることは言うまでもありません。

　わたしの教え子に，菓子製造業に就職し，42年間働き，定年を迎えた人がいます。ところが，会社への貢献度が高かったため再雇用され，今もなお生き生きと働き続けています。仕事以外の日常生活面でも，附属特別支援学校

の同窓会の運営など，さまざまな貢献をしています。今なお，わたしに電話で近況を報告してくれます。わたしは，質の高い人生を送り続けている彼を尊敬しています。障害があっても，みんなにこういう人生を送って欲しいと思うのです。これがわたしが目指すキャリア教育です。

第2章 人生の質を高める学校教育

　第1章で述べた通り，キャリア教育の最終目標は学校卒業後の人生の質を高めることです。そのためには，学校は何を重視し，教育を推進していく必要があるのでしょうか。生活を重視しているこの教育で，今一度，人生の質を高める生活とはどういう生活を言うのか，生活の中で，どういうことを重視すべきなのか，また，どういう授業が人生の質を高めることになるのか，指導の在り方，支援の在り方，対応の仕方など，今行われている授業の課題と問題点を示しながら，今後の教育実践の在り方について具体的に述べてみたいと思います。

1 子どもの存在に注目する教育の推進

　今までの教育においても，人生の質を高めることは重視していたと思うのですが，なぜその効果が出なかったのでしょうか。それは，人生の質を高めるためのさまざまな指導はしていたと思いますが，指導の視点の違いに原因がある，とわたしは思っています。子どもの存在を重視し，子どもの存在価値を高める視点に欠けていたのではないでしょうか。

　もう少し具体的に言えば，今までは，人生の質を高めるためにはこれができなければならない，あれもできなければならない，もっとできることを増やさなければならない，スキルアップも図らなければならない，など，どちらかと言えば，教師が一方的に押し付ける形での指導が多かったと思います。子どもの存在に真に向き合っていなかったのではないかと思うのですが，どうでしょうか。いくらできることが増えても，子どもの存在に向き合い，子どもと共に歩む姿勢を示さないと，子どもの心は動きませんから，せっかく身についたできることやスキルが機能しなかったのです。

　これからの教育は，子どもの存在にもっと注目し，子どもの存在価値を高める教育をしていくことが求められています。

今，共に学校生活をしている子どもたちを思い起こしてみてください。

　子どもたちは自分の存在を意識する生活ができていますか。させられるまま，動かされるまま，指示されるままの生活が多く，自分の存在を意識することのできる環境にない生活を送っていることはないでしょうか。

　子どもたちは自分の存在を示す生活ができていますか。自分の存在を示すことができる場が与えられていますか。自分の能力や技術をいかんなく発揮できる学習の場が与えられているかというと，そうではないのではないでしょうか。

　子どもたちは自分の存在を実感できる生活ができていますか。

　自分の能力以下の課題が与えられたり，してもしなくてもよい，あまり重要でない課題が与えられたりしていませんか。成功体験を積み重ねていますか。感謝される体験を積み重ねていますか。貢献が実感できる体験ができていますか。集団の中で自分の存在を実感できるような学習が工夫されていますか。なかなかできていないのが現状ではないでしょうか。

　存在価値を高めるためには３つの生活，すなわち「自分の存在を意識する生活」「自分の存在を示す生活」「自分の存在を実感できる生活」が重要であると指摘しました。これを，むずかしいことだ，と思う人はいないでしょう。なぜなら，この３つの生活は生活の基礎・基本であり土台となるもので，生活の原点と言えるものだからです。通常の子どもは，この３つの生活を取り入れた生活を当たり前に成立させています。この子どもたちはどうでしょうか。生活はしているけれど，３つの生活ができていないために生活が成立していないのではないかと思うのです。人は自分の存在を意識し，自分の存在を示し，自分の存在を実感できて初めて生活が成立します。生活が成立しなければ，いくら生活を学習しても生活に適応できませんし，生活の質の向上も期待できません。子どもの存在価値を高めることは，生きがいのある生活を確立するために大変重要なことなのです。

　では存在価値を高めるには具体的にどうすればよいのでしょうか。それほどむずかしく考える必要はありません。要は主体的に役割，課題を果たす生

活を積み重ねればよいのです。1章でも述べた適応の幅と質を高めていけば
よいのです。そうすれば自ずから存在価値は高まっていきます。

　我々の生活を考えてみてください。我々は家庭では，家族の一員として，
母親として，父親として，それぞれの役割や課題を主体的に果たしています。
意識して果たしているというよりは，ごく当たり前のことだと認識していま
す。役割や課題を主体的に果たしているからこそ，家族集団の質の高さが維
持できています。家族のきずなが強まり，家族みんながお互いの存在を認め
合いながら信頼関係を高めています。もし，家族みんなが，家族の一員とし
ての役割や課題を果たさなかったとしたら，どうなるでしょうか。家族集団
の質は低くなり，信頼関係も生まれません。家族みんなの存在価値は下がっ
てきます。子どもの存在価値を高めるためには，子どもを含めた家族みんな
が主体的に役割や課題を果たし合う集団をどうつくっていくかにかかってい
るのです。学級集団においても同様です。学級集団を家族と同じように考え，
教師を含めて，お互いが，お互いの存在を認め合い，信頼し合う関係をつく
っていかなければならないのです。

　職業生活についても同じことが言えます。我々は，学校という職場で，教
師集団の一人として，それぞれが自分の役割や課題を認識し，それらを主体
的に果たしています。果たすからこそ，教師集団の中で自分の存在価値を保
っています。もし，教師の一人として，自分の役割や課題を主体的に果たさ
なかったとしたら，教師集団の中で生きづらさを感じるはずです。そうなら
ないように人はそれぞれ，役割や課題を主体的に果たす努力をし，存在価値
を高めているのです。

　この子どもたちの職業生活についても全く同じことが言えます。職場で生
きづらさを感じることのないように，主体的に，役割や課題を果たす生活が
当たり前の生活であることをしっかりと認知できるようにしておく必要があ
るのです。

② 地域や職場で存在価値を高める

家庭や学校で存在価値を高めることは当たり前のことで，学校教育が目指すべきことは地域や職場で存在価値を高めることです。そうであってこそ人生の質が高まります。

では，地域や職場で存在価値を高めるためにはどういう取り組みが必要でしょうか。わたしは，地域学習の導入と現場実習の充実の２つの取り組みが重要であると考えています。この２つは具体的にどのような学習かを説明します。

(1) 地域学習の導入

地域学習とは「日常的に地域の人にかかわり，生活の幅，生活の質を高める学習」「地域を巻き込み地域と共に歩む学習」「地域で存在価値を高める学習」を言います。今まで行ってきた地域に慣れる学習とは違います。地域へ出かけての体験学習とも違います。地域の中で子どもたちが輝く学習，地域の中で存在感を示す学習です。学校が地域の拠点校になり，子どもたちが地域の中心にいる，そういう状況をどうつくっていくかが問われている学習と理解して欲しいと思います。

具体的には次の３つの学習を重視して欲しいと思います。

＊地域の人が子どもにかかわる体験を重視する＊

地域の人に子どもたちを知ってもらう体験よりも，地域の人が子どもを知る体験，すなわち，子どもが地域の人に働きかけるよりも地域の人が子どもに働きかける体験を行って欲しいのです。地域で子どもたちの存在価値を高めようとするなら，地域の人からの積極的な働きかけが重要です。地域の人に「是非学校に来て子どもたちと交流をしてください」というよりも地域の人が「地域でイベントをしますので，是非，ここで製品の販売をして欲しい。お茶の接待を子どもたちでしてくれないでしょうか」と声がかかる方が，子

どもたちは間違いなく輝きます。自信を持ちます。こうした体験をすると，子どもたちも積極的に地域にかかわろうとするようになります。これがねらいです。沖縄県立八重山特別支援学校では，さまざまなイベントに地域から依頼の声がかかっていました。子どもたちは張り切って参加しようとしますし，みんなに喜んでもらおうと一生懸命，いい製品を作ろうとしていました。また，感謝される接待ができるようスキルアップに努めていました。子ども自らが努力する体験をするためにも，こうした地域からの働きかけが重要になるのです。

　地域の人に働きかけて子どもにかかわってもらうこともあってもいいですが，それよりも地域の人が自ら積極的に子どもたちにかかわってくれる体験をすることの方がもっといいです。子どもたちの，地域での存在価値を高める自然な交流になるからです。

　岡山県立誕生寺支援学校では，学校近くのJR駅（弓削駅）の駅舎にアンテナショップを作り，コーヒーや作業製品を販売しています。近所の多くの方が利用し，喫茶コーナーでは座るところがないほど盛況です。また作品販売コーナーでは，木工製品，陶芸品，農作物，園芸品等を販売していますが，数に限りがあるため，販売当日は販売開始前から行列ができている，と聞きます。地域の人がなぜ，このように積極的に集まってくるのでしょうか。障害のある人がせっかく作ったのだから買ってやらなければという温情で集まっているのではありません。コーヒーがとてもおいしくて，製品が実にすばらしいからです。地域の人は，障害があるなしに関係なく，いい製品であれば買いに来るのです。自分たちが作った製品を，地域の人が行列をつくって買おうとしているところを見れば，子どももうれしいですし，自然に笑みがこぼれます。こういうことが当たり前の光景にならなければいけないのです。

　地域の人に「ホームセンターで売っている苗よりずっといいよ」などと言われると，もっといいものを作ろうと思いもしますし，存在価値も高まってきます。障害を持っているから温情を，などという甘い考えを持ってはいけません。障害を持っていても質の高い製品を作れば，地域の人は，自ずから

かかわりを強めてくれる，という積極的姿勢を堅持して欲しい思います。こういう学習体験がこれからは求められているのです。

＊地域資源を最大限活用する＊

地域にはさまざまな資源があります。学校の先生にはない専門性を持った人が大勢います。利用できる公共施設もたくさんあります。こういう資源をもっと活用することを考えなければ，地域や職場での存在価値を高めることはできません。学校の先生が地域や職場で必要とされる，あらゆる専門性を持ち合わせているのなら問題ないのですが，なかなかにそうはいきません。学校だけで地域や職場で必要な学習を行おうとすると，どうしても限界があります。専門性の関係から断念しなければいけない学習も出てきます。かと言って専門性のない学習を展開すれば，質の低い学習になり，子どもたちが地域や職場で適応するのがむずかしくなります。

障害を持った子どもたちだから専門性はそれほど必要ない，と考えていることはないでしょうか。そうではなく，むしろ，この子どもたちは障害を持っているからこそ，その道のより高い専門性を持った人に習う必要があるのです。高い専門性を持った人は指導も上手ですし，専門性が高ければ無駄のない的確な指導ができるのも事実です。

実際に，わたしが見た具体的な事例を紹介します。

福井県立嶺南西特別支援学校の中学部での事例です。

子どもたちが，和太鼓演奏を地域の人たちに披露し，喜んでもらおう，という計画を立てました。しかしながら，学校には和太鼓がありませんし，和太鼓を教える専門性を持った先生もいません。

担当の先生は地域の専門家を探し，「子どもたちに和太鼓を教えて欲しい」とお願いしました。すると快く引き受けてくれて，和太鼓を学校まで持ち込んで教えてもらえることになりました。私は実際に専門家の人が子どもたちに和太鼓を教えている授業を見せてもらいました。さまざまな障害を持った子どもたちの集団で，発達段階にもかなり幅があります。そんな子どもたち

が集団としてまとまり，真剣な姿で和太鼓を習っているのです。この子ども
たちの授業は数年前からずっと見せてもらっていましたが，正直，専門家か
ら習うと，こんなに変わるのだ，と驚かされました。専門家の話を姿勢を正
して，真剣な目で，一生懸命聞いているのです。あいさつ，返事も大きくて，
動きがきびきびしています。少し失礼ですが，先生が行う授業とは違います。
先生がよくないと言っているのではありません。先生に専門性がなければ，
こうして専門家の人に協力をお願いすることも，教師としての専門性だとい
うことを分かって欲しいのです。先生は自分ができないからと言って専門家
にすべてを任せ，丸投げしているのではありません。専門家と事前の打ち合
わせをしたり，自分のできる範囲で，専門家に習ったことを子どもたちに教
えたりなど，できることは積極的にしているのです。これも教師の専門性の
一つです。教師は教師としてできる専門性をしっかりと発揮すればよいので
す。

　正直，この子どもたちは，専門家のことをよく理解しているし，専門家に
習いたいという思いをしっかり持っている，と感じました。こうした体験を，
もっと積極的に取り入れるべきだと思いました。

　愛媛県立みなら特別支援学校の事例です。

　学校の近くに，プロの俳優さんが年間を通してミュージカルを演じる劇場
（坊っちゃん劇場─452席，名誉館長：ジェームス三木）があります。高等部
の子どもたち全員が，劇場のプロの演出家の指導を受けてミュージカルの公
演を行いました。1回の公演予定だったのですが，入場希望者が多く，急き
ょ2回の公演になったと聞きました。2回とも満席で，多くの方から高い評
価を受け，子どもたちにとっては，自信の持てるすばらしい体験になったそ
うです。「劇場から話があったときは，障害も能力も多種多様でミュージカ
ルを演じるなど，とてもできるように思えなかったが，プロの力はすごいと
感じた」と先生が話していましたが，先生方自身がこういう体験をすること
も必要です。「そんなことできない。むずかしい。障害を持っているから無
理だ」と考えるのではなく，「専門家なら，プロならどんな障害でも，どん

な子どもでも無理を可能にすることができる」と考えて欲しいのです。学校教育についても同じです。教師が専門家として，プロとして対応すれば，むずかしいと思っていた障害が重度な子どもが，意外と簡単に課題をクリアしたり，また，できないと思っていた子どもが，ちょっとした専門家の助言でできるようになる例もたくさんあるのです。専門家やプロから指導を受ける学習が日常的に行われるよう学習計画を立てることも，教師の持つべき専門性の一つであると考えて欲しいと思います。

＊ win-win の関係を重視する＊

子どもの存在価値を高めるならば，地域主体の受け身の関係でなく，自分主体の能動的な関係でなければなりません。地域の人が何かをしてくれる，ではなく，自分たちが地域の人のために何かをしてあげる，そういう関係をつくる必要があります。基本は win-win の関係，すなわち地域の人も自分たちも，お互いがよかったと思える関係を重視した体験を積み重ねることです。お互いがよかったと思える関係ができれば，お互いにもっとよい関係をつくりたいと思うのは自然なのことです。こうなれば地域での存在価値はさらにアップすること間違いなしです。地域との交流は常に win-win の関係を意識して計画を立てる必要があります。

具体的な事例を紹介します。

京都府立舞鶴支援学校に行ったときのことです。夏休みでしたが，高等部の子どもたちが体育館で汗をかきながら，真剣に和太鼓の練習をしていました。聞くところによると，地域の高等学校の書道部の生徒が書道パフォーマンスの大会に出場するので，それに合わせて和太鼓を演奏して欲しい，という依頼があったということでした。そして，その日は合同練習をするということでした。これが win-win の関係です。同年齢の子どもたちが対等の交流，必要とされる交流，お互いが感謝し合う交流を行うことが，地域での存在価値を高めることになるのです。

福井県立嶺南西特別支援学校の小学部の子どもが，地域の同年齢の通常の

子どもたちを招待して，自分たちが準備したゲームで楽しんでもらおうという計画を立てました。わたしは，招待をした当日の授業の様子を見せてもらいました。何よりも感心したのは，特別支援学校の子どもたちの指示に従って通常の子どもたちが実に楽しくゲームに興じていたことです。その輪の中には特別支援学校の教師も通常学級の教師も入っていません。子どもたちだけで互いの関係性（特別支援学校の子どもが主導する関係）を意識しながらゲームを進行しているのです。それぞれのゲームには競い合いがあり，それを判定し，勝者を決め，表彰するのも特別支援学校の子どもたちです。授業が終わった後の，両者の表情を見ていると，「よかった」「楽しかった」という思いが表れており，障害のある人とない人との交流というよりは人間同士のごく自然な交流であったと感じました。このような，特別支援学校の子どもたちが主役となった自然な交流が積み重ねられれば，特別支援学校の子どもも通常の子どももお互いが理解を深め，共に地域に溶け込み合う，よりよい関係が自然に成立すると，強く思いました。これが本来の交流ではないでしょうか。

(2) 現場実習の充実

　現場実習は，昔からどの学校でも重視して取り組んでいますが，職場体験学習という考え方はそれほど変わっていないように思いますがどうでしょうか。昔と比べて充実，発展してきたかというと，そうではない気がします。少しマンネリ化してきているようにも感じます。キャリア教育の視点から現場実習を考えると，これからは職場で働く体験から職場で貢献を実感する体験へと方針を転換する必要があります。理由は，職場で子どもたちの存在価値を高めるためです。就職はできても就労が維持できない子どもがたくさんいます。これは仕事はできても職場で存在価値を高めることができていないためです。そういう意味においても，現場実習を単に就職を実現するための学習と位置付けるのではなく，就職を維持するための学習，働くことにやりがいを感じる学習，職業生活の質を高める学習に変える必要があります。

では，貢献を実感する現場実習を行うためには具体的にどのようにすれば
よいでしょうか。事例を挙げ説明します。

　静岡県立袋井特別支援学校の，ある進路指導の先生は，現場実習で子ども
たちが貢献を実感できるようにと，事前に先生自らが現場実習先で実際に働
き，子どもが貢献できるためには，どういう作業を，どのように行えば効果
的かを見出そうとしていました。実際に現場実習に出してみないと貢献でき
るかどうか分からない，という見通しを持たない現場実習でなく，職場に出
せば必ず貢献を実感し，働きたいという意欲を高めることができる，という，
見通しを持った，今後に期待が持てる現場実習にするためです。この先生の
ような取り組みは，なかなかにまねができないかもしれませんが，これから
の現場実習の在り方を考える重要な取り組みを提言していると思いました。

　貢献を実感する現場実習をどう設定するかが，これからの現場実習だと考
えなければならないと思います。そのためには作業学習の在り方を検討する
必要があります。学校の作業学習で貢献できていないことを，職場で貢献さ
せようとしても無理です。基本的には，学校で貢献できていることを，職場
でも貢献し，貢献の質を高めると同時に，働くことの喜びや働く意欲を育て
る必要があります。

　愛媛大学教育学部附属特別支援学校の高等部の子どもたちを対象に，貢献
（一人で質の高い作業ができる）に値する作業を見つけようと，先生方と保
護者に呼びかけたところ，ある重度の知的障害と自閉症を併せ持つ子の母親
から，「家で毎日子どもにタオルたたみをさせているが，完璧にできます」
という話が寄せられました。こういう話が貴重で，重要なのです。現場実習
では早速，タオルたたみが生かせるリネン会社に行かせるようにしました。
ここではホテルのタオルを一日中たたむ仕事があります。大量のタオルに嫌
気を指すのではないかという心配もありましたが，全くそうではありません
でした。むしろ，生き生きとしており，休んだり，いい加減なことをしたり
することもなく，3週間の実習をやり通すことができました。障害が重度な
子どもであっても，自分の得意や自信の持てる仕事はしっかりと認知できて

おり，そういう仕事であれば間違いなく力が発揮できることを知る機会になりました。働かされる作業では子どもは生かされません。自ら働くことができる作業が必要です。そのためには，家庭や学校で得意な作業，自信の持てる作業を見出すと共に，そういう力を，一つ一つ身につける学習も積極的に行う必要性を感じました。

　決してスピードが速いわけではありませんが丁寧さは母親の言う通りでした。貢献に値する作業ができるということは，自信を持って作業ができているということです。それが職場で認められれば働く意欲は生まれます。最終的には，「ここに就職したい」という意思表示までするようになり，実際に就職することもできました。母親からの情報がなければ決して就職には結び付かなかったと思います。障害が重くても貢献を実感する現場実習をすれば就労の可能性は広がるということを示した事例です。

　是非，どんな子どもでも，貢献を実感させるという，明確な目標を持った現場実習を行って欲しいと思います。

❸ 人生の質を高める（存在価値を高める）生活とは

　人生の質を高める（存在価値を高める）生活とは，どういう生活をいうのでしょうか。わたしは，長い実践体験から，人生の質を高めるためには，次の4つの生活が重要であると考えています。

- ・自分を知る生活
- ・自分の存在を実感できる生活
- ・自ら努力する生活
- ・本物を学び，本物を提供する生活

　特別支援学校では，生活重視の学習がほとんどです。しかし，子どもたちにとっては，その生活が生活として機能する生活になっているかというとそうではないような気がします。学習を計画した先生にとっては生活感があっ

ても，子どもにとっては全く生活感がない生活もたくさんあります。

　では，これからはどういう生活をどのように学習していけば，機能した生活が生まれるようになるのでしょう。4点それぞれについて考えてみたいと思います。

(1)　自分を知る生活

　子どもたちは，自分の能力，得意，強さ，弱さをどれだけ知っているでしょうか。ほとんどが知らない生活を強いられているように思うのですがどうでしょうか。我々は自分を知っていますから，できることは一生懸命取り組みますし，できないことは周りの人に支援をお願いします。意識してそうしているかというと，そうではありません。自分を知っているから自然にできることです。自分を知るということは生活の基礎，基本であり，生活の原点と言えるものです。自分を知ることができなければ，生活は成り立ちません。自分を知らない状態で，いくら生活を学ぶ学習や生活を体験する活動を取り入れても，生活はしているが，機能する生活はできるようにならないということになります。先生方は，よく子どもたちに生活意欲とか主体的な生活を要求しますが，これは自分を知ることで出てくることです。自分を知らない状態で，いくらこれらを要求しても機能する意欲や機能する主体性につながることはありません。自分を知れば，できることは意欲的，主体的に取り組むようになりますし，できないことは先生や友達に支援を求めるようになるはずです。

　授業を見せてもらっていると，時々，「分からないときは先生に聞きなさい」とか，また，ことばの出ない子どもには「分からないときは先生のそばにきて肩をたたきなさい」などという指導を行っていることがあります。これらは，まさに子どもの発達を考えない指導と言えます。支援を受ける方法を教える前に自分を知るための学習を行う必要があります。一生懸命さとか，支援を求める行為は自分を知ることで生まれる心の動き，すなわち内面の働きです。最近の授業を見ていると，どうも形を教えることに一生懸命になっ

ているような気がしてなりません。形をいくら教えても，それが機能できるようになるためには，自分を知るという内面の育ちが欠かせません。

　では，自分を知るためには具体的にどういう取り組みを行えばよいのでしょうか。述べてみたいと思います。

　学校現場では，できないことをできるようにする学習が盛んに行われていますが，これが自分を知ることにつながるでしょうか。できないことができるようになる学習が効果的なのは，基本的には自分を知っている子どもです。自分を知っている子どもであれば，できないことが努力してできるようになれば，新たな自分を発見し，質の高い自分を知ることができますが，自分を知らない子どもであれば，できないことができるようになったとしても，残念ながら自分を見直すきっかけにはなりませんから，なかなか自分を知ることにはつながらないのです。

　わたしの実践体験から，効果的と言える指導は，できないことをできるようにする指導ではなく，できることをもっとできるようにする指導です。できることをもっとできるようにして，できることの質を上げ，誰にも負けない，自分に自信が持てる，できることを身につけるのです。人は，誰でもそうですが，「これには自信があります」「これは得意です」というものがあれば，できることは主体的に行動することもできますし，できないことは支援を求めることができるのです。要は，子どもたち一人一人に自信の持てるものや得意なことを一つ一つ増やしていく学習の積み重ねが，知らず知らずのうちに自分を知ることにつながり，自分を知る生活が当たり前にできるようになるのです。

(2)　自分の存在を実感できる生活

　第1章でも述べたように，自分の存在を実感できない生活では，どんなに生活体験を積み重ねても生きがいを感じることはできませんから，人生の質は高まりません。生活で自分の存在を実感できるためには，自分の持っている力や能力や得意を発揮できる機会（役割，課題）が与えられていなければ

なりません。もちろん機会が与えられるだけではだめです。与えられた役割，課題を主体的に果たすことができる学習の機会が必要です。さらには主体的に役割，機会を遂行した後に，周りの人に認められる体験も重要です。

　学校現場での指導を見ていると，まだまだ役割，課題を与えることが中心で，主体的に遂行するための学習が考えられていません。なぜ，役割，課題を与えるのかというと，主体的に遂行する体験をするためです。このことを忘れて，役割，課題を設定しているのではないでしょうか。役割，課題を与えることが，学習上，重要なのではありません。主体的に遂行できる役割，課題を設定することが重要なポイントになります。さらには，役割，課題が主体的に遂行できたら終わりではありません。次はそれを評価し，自分がしたことが認められる体験が必要です。自分がしたことが認められる体験を積み重ねていくと，先生から役割，課題を与えられたことを遂行するのではなく，自ら役割，課題を見出し，遂行できるようになるのです。これが生きる力，生きる生活になるのです。

　当然ながら評価の仕方も見直す必要があります。先生がよく行う評価に，「よくがんばりました。えらかったですね」「よくできました。次からもがんばりましょう」など，がありますが，こういう評価を求めているのではありません。自分の存在が実感できるためには，自分のした活動が正しく評価され，本人が「がんばってよかった。次もがんばろう」と思える評価が必要なのです。認められる評価をすることが重要です。認められるのは，一人よりも多くの人に認められるのがよいことは言うまでもありません。先生だけでなく，一緒に活動したみんなからも認められる，そういう学習を設定することも忘れてはなりません。

　学校現場では，まだまだ，部分にだけ焦点を当てた，短絡的な発想による学習が多すぎます。生きる力，生きる生活という全体像をしっかりと把握し，どういう過程を経ればそれが実現できるのかを明確にした上で，部分の指導に取り組まなければ，部分はできたが，子どもの生活全般は一向に変わらない，人生の質の向上は見られないということになります。

とにかく，自分の存在を実感できる生活を目標に置いて，学習を積み重ね
て欲しいと思います。

(3)自ら努力する生活

　この子どもたちは，学校生活12年間で自分が努力したことを実感できる生
活体験がどれほどあったでしょうか。ほとんどなかったいうのが実態ではな
いでしょうか。こういう生活を続けてきた子どもが果たして，学校卒業後，
人生の質を高めることができるでしょうか。学校卒業後の家庭生活，地域生
活，職業生活は努力することができなければ人生の質を高めることはできま
せん。人生の質を高める学校生活12年間を考えるなら，子どもが目標に向け
て努力して取り組む学習を設定していく必要があります。

　今，全国の特別支援学校で始められている技能検定は，目標に向けて努力
することを体験する，すばらしい学習だと思います。通常の子どもであれば，
高校生になると，大学受験や就職試験，また，国家資格を取るための受検な
どに向けて，みんな努力をし続けています。これが高校生としての当たり前
の生活で，こうした体験が実社会を生きるための適応力を高めます。

　この子どもたちも，実社会で生きようとするならば，程度や質の差はあれ
同じことが必要です。学校卒業後，就職した子どもがすぐに辞めたり，職場
になかなか適応できなかったり，地域活動に参加できなかったり，家庭で引
きこもったり，など課題が指摘されていますが，こうした課題も，わたしは，
自ら努力する生活体験が少なかったことが関係しているのではないかと思っ
ています。

　そういう意味においても，技能検定はこれからの子どもたちを変える画期
的な取り組みだと思っています。現に，技能検定により，子どもたちは１級
に合格したい，と真剣に努力する意欲が育ってきています。現場の先生方か
ら「現場実習への取り組みも以前と変わってきた。自分に自信を持って臨む
ようになった。１級取得が大きな自信となっている」「自分のスキルを生か
して，この職場に就職したいという意欲が見られるようになった」「１級に

認定された生徒が，技能検定に向け，後輩に積極的に指導するようになってきた」「先生に頼るのではなく，生徒たち同士で放課後，自主的に練習し合うようになった」「技能検定に関する意識が高く，障害の重い子どもも含めて受検しようとする生徒が増えてきた」などたくさんの効果の声を聞いています。こんな声を聞けば，間違いなく，学校卒業後の彼らの職業生活は変わっていく，と思うのはわたしだけではないのではないでしょうか。

　目標に向けて努力し，目標達成をすることは大変重要なことですが，目標を達成できなくても，目標に向けて努力しようとする意識ができたとしたら，それだけでも，今後の人生に大きなプラスになるのではないでしょうか。目標に向けて努力する体験を学校生活12年間のうちに，どれだけ行うことができるかで，将来の人生の質が違ってくると言っても過言ではありません。

⑷　本物を学び，本物を提供する生活

　わたしは，障害があっても，本物を学び，本物を提供する生活をするのは当たり前のことだ，と考えています。障害があるから，能力的に弱さを持っているから，それに合わせた生活をすればよいと考えているのなら，それは大きな間違いです。あまりにも傲慢すぎる教育姿勢と言わざるを得ません。障害を持っているからこの程度でよいという考えは論外です。障害を持っている人のことを，障害を強調するか，人を重視するかで，指導，対応は随分違ってきます。障害があっても人として生きる，これは当たり前のことです。この姿勢，方針を欠いたら障害のある人の生活は成り立ちませんし，人生の質の向上もあり得ません。こうした視点に立てば本物を学び，本物を提供する生活は当たり前ということになります。

　では，本物を学ぶとはどういうことでしょう。

　一言で言えば，正しいことを正しく学ぶ，質の高いスキルや対応を学ぶ，してはいけないことはしないことを学ぶ，人として身につけなければいけないことを学ぶ，いい加減さを学ばない，中途半端な学びで終わらない，等ということになります。果たして，障害を持っている人たちにこういう学びが

可能なのか，と疑問を持つ人もいるかもしれません。確かに，子どもだけの力ではむずかしいでしょう。しかし，これは教師ができるように支援することが前提です。個々の能力に応じて，学習方法や支援方法を考え，本物を学ぶようにするということです。本物を学ぶことができる子どもに学ばせ，本物を学ぶことがむずかしい子どもには学ばせないというのは，この教育にかかわる人の専門性とは言えません。人として生きるために，個々の実態に応じて本物を学び，本物を体験することが必要なのです。このようにして，人としての育ちを支えていくのです。

次に，本物を提供するとはどういうことでしょう。

子どもの生活は，家庭や学校だけではありません。どちらかと言えば，家庭や学校は生活しやすい，支援が当たり前にされている生活です。ところが，地域生活や職業生活となるとそうはいきません。障害を持っているから，この程度しかできませんでは通用しません。そうであるならば学校教育でも，将来の生活を想定して，本物を提供することの重要性を意識して取り組む必要があります。

どこの学校でも作業製品を販売していますが，質の高い，本物の製品を提供する必要があります。「買ってください」とお願いするのではなく，「是非売ってください」とお願いされる製品を作るのです。お客さんを呼んで，おもてなしをするなら，「来てよかった。ありがとう」と感謝される，質の高い接待をする必要があります。こうした体験が存在価値を高め，努力しようとする意欲を引き出すのです。

では，少し，本物を学び本物を提供する生活の具体例を述べてみたいと思います。

島根県立益田養護学校で「地域とつながるおもてなし」（高等部合同生活単元学習）という授業を見ました。地域の人を招待し，さまざまなおもてなしをしようと計画されたものです。おもてなしは3つの班に分かれ，1班は喫茶サービスによるおもてなし，2班は本の読み聞かせ，3班はマジックです。地域の人に，本の読み聞かせやマジックを披露し，お茶やお菓子のサー

ビスを受けながら楽しんでもらおう，というおもてなしを中心とした授業です。わたしも地域の人の一人として参加させてもらいました。心のこもった，お客さんを第一に考えた，行き届いたおもてなしに感心させられました。喫茶サービスによるおもてなしは実際に喫茶店にいるような，お客さん一人一人に配慮した対応でした。ごく自然に手際よく行動できるものですから，教師も入っているかなと思いましたが，一人もいませんでした。お菓子とお茶をいただきながら本の読み聞かせとマジックを見せてもらいましたが，どちらも本物を思わせる，すばらしいものでした。しばし真剣に見入ってしまいました。

　それもそのはずです。読み聞かせ班は地域の読み聞かせの専門家に師事し，専門家から合格が出るまで練習をし続けての発表でした。同じくマジックも地域の専門家のところに通い続け，本物のマジックができるようにしていたのです。一方，喫茶サービスは，技能検定で身につけた力をいかんなく発揮していたのです。子どもたちが自信を持って，いや自信に満ちた表情で，生き生きと活動していたわけがよく分かりました。

　こういう学習が，本物を学び，本物を提供する生活学習になります。高等部になると，自分たちが自信を持ってできることを中心に，地域に発信していくことが学校卒業後の人生の質を高める上で欠かせないことを知っておいて欲しいと思います。

４ 人生の質を高める（存在価値を高める）授業とは

　人生の質を高める生活とはどういう生活か，重視して欲しい４点について述べました。

　では，こういう生活を重視した中で，具体的にどういう学習を行えば，人生の質を高める授業になるのかについて述べてみます。

　わたしは，次の５点の学習を重視すべきであると考えています。

・させられる学習でなく自らする学習

- ・教えるよりも自ら学ぶ学習
- ・人間性を育てる学習
- ・生活に適応できる学習
- ・脳を活性化する学習

　一つ一つ，具体的にどういう学習をすべきなのか，について説明します。

(1) させられる学習でなく自らする学習

　特別支援学校の授業を見ていると，させられている学習がいかに多いかに気付きます。先生方はそうは思っていないかもしれませんが，子ども側に立って，先生の子どもへの働きかけや対応をつぶさに観察してみると，学習の主体はほとんどが教師です。子ども主体の場面はないと言ってもよいぐらいです。教師から指示されたことをする，教師から与えられた課題をする，いつもしていることをする，などの学習が多く，子どもが自分で考えたり，工夫したり，見通しを持って主体的に学習する環境が設定されていません。時に，主体的に行動している場面も見受けられますが，子どもの行動を観察してみると，自ら主体的に行動しているのではなく，パターン化された活動を遂行しているだけなのです。先生は，主体的に行動していると言いますが，頭の働かない主体性，判断しなくてよい主体性は主体的であっても，自らする学習にはなりません。ここでいう自らする学習は，発達を促進する，生きる力につながる学習のことを言います。

　とにかく，子どもが主役となる授業をして欲しいと思います。子どもが主役とは，自分で考えたり，判断したり，見通しを持ったり，解決したりしながら，主体的に学習を進めていくことができている授業を言います。教師から与えられた役割や課題を，ただ遂行できればいいのではありません。仮にそれを主体的に遂行できたとしても，内面が働かない遂行はさせられる学習でしかありませんから，生きる力につながりません。遂行の質が重要なのです。今，学校現場では指導訓練から支援への転換が図られています。教師は

役割や課題を与え，させるための指導や訓練を行うのではなく，子どもが自分の役割，課題を認識し，自ら遂行するための支援を行うことが求められていると理解して欲しいと思います。

では，子どもが自らするようになるためには教師はどういう支援をすべきなのでしょうか。具体的に述べてみます。

＊得意なことや自信のある役割，課題を設定する＊

得意なことや自信が持てるものがない子どもが，主体的，意欲的な行動が取れるでしょうか。学習に自ら取り組めるでしょうか。はっきり言ってあり得ません。得意なことや自信が持てるものがあるとやる気が出てきます。たくさんある必要はありません。とりあえず一つあればいいです。その一つを生かして役割，課題を遂行することができれば，新たな自信が生まれます。自信が持てないことにでも取り組もうとする意欲が出てきます。こうした過程の循環を経れば子どもは，特別な指導や支援がなくても自らするようになるはずです。いろいろな教材，教具を工夫したり，あの手この手を使って自分でするように仕向けたりしても，自らする行動が定着しないのは，心の動きが伴っていないからです。心が最も動くのは，得意なことや自信が持てる活動に取り組んでいるときです。すなわち主体的，意欲的に活動に取り組んでいるときです。

得意なことや自信が持てることを増やし，それを生かした課題を遂行する体験を積み重ねれば，自らする力は必ず身についてきます。

ずっと就職はむずかしいと言われ続け，作業学習では常に指示がいる知的に重度な障害を持つ子どもがいました。木工作業で，その子を指導していたある教師が，仕事は遅いが，細かいところまで気を配ることができる丁寧さが得意であることを見出しました。この先生のすばらしさはそれを生かした前向きな取り組みです。すぐに，この子の得意を生かせる職場（電子部品工場）を探して実習に行かせたのです。すると誰もがまねできないような細かな作業が，コンスタントにでき，就職にまで結び付いたのです。この教師に

出会うことがなければおそらく就職など考えられなかったはずです。こうした事例を考えると，得意をつくることも重要ですが，得意を見出すことも忘れないようにすべきだと思います。

＊子どもに任せて，安心して待つ＊

　子どもが自らする力を身につけるためには，教師が学習中にどういう支援をすればよいかを考えるのではなく，子ども一人で任せても大丈夫な学習設定，環境設定を整える必要があります。教師がこれなら一人で任せても大丈夫であると自信を持って言える学習設定，環境設定を考えるのです。学習中の支援よりも学習前の支援に重点を置くのがポイントです。しかしながら実際は，このような自らするための事前の支援があまり考えられていません。学習指導案を見ても，学習中の支援はたくさん示されています。ところが，目標を見ると，「自らできる」「自ら解決する」「意欲的にできる」「主体的にできる」など，自らする学習を強調していますが，授業の中身はそうではないのです。目標と学習過程に整合性が取れていません。頭の中では自らすることの重要性は理解しても，授業では，具体的にどうすればよいかが明確になっていないと言えば言い過ぎでしょうか。

　子どもの自らする力を高めるためには，授業の中での教師の働きかけを最大限に減らすことを考えなければなりません。教師の働きかけがなくても，子どもが，自分たちで学習を進めていくことができる授業を求めていくのがこれからの授業であることは先にも述べました。授業中に支援の多い授業は，先生は授業をすることに一生懸命で，子どもの活動や課題をチェックしたり，実態を正しく把握する余裕がありません。一方，授業中に支援の少ない授業は，「子どもがどのように主体的に活動してくれるのか」など，期待し，楽しみながら授業に参加できますので，次の授業への改善点を考えながら子どもの学習状態を把握することができます。

　子どもに任せても安心できる授業が，教師にも余裕が生まれ，子どもが自らする学習につながることを理解しておいて欲しいと思います。

指示をせず，注意もせず，ほめたり，励ましたりもしない

　授業を見ていると，1時間の授業で指示をずっと出し続けている先生がいます。子どもに考えさせる間も与えず，ちょっとしたことでも，すぐに注意する先生もいます。それほどほめることでもないのにすごくオーバーにほめている先生がいます。子どものそばについて一生懸命励ましている先生もいます。こうした光景は，学校現場では，めずらしいことではなく，日々当たり前に見られます。こうした教師の対応が，子どもに自らする力を育てさせるでしょうか。実は，こうした対応が子どもの自らする力を妨げているのです。

　指示があれば，子どもは指示された通り動けばよいわけですから楽かもしれません。学校現場には指示されないと行動できない子どもがいっぱいいます。指示を受けて行動することが当たり前として認知されている子もいます。わたしも指示は必要だと思っていますし，指示はしてはいけないとは思っていません。ただ，子どもの発達面を理解した上での指示である必要があります。自らする力が身についている子どもであれば，指示は有効です。指示されても指示通り行動するのではなく，自分なりに考え，自分の能力を生かした行動がとれる可能性があるからです。それだけでなく，指示以上の行動を取る子どももいます。指示はすることを優先するのではなく，発達的視点に立って，この教育の専門家と言われる指示を考えて欲しいと思います。

　ある先生に指示をしないことの重要性を話すと，「着替えなさい」の指示から「次は何するの」に変わったことがあります。言葉がけは指示をしていないように聞こえますが，指示となんら変わりありません。指示をしないということは，子どもが自ら考え，自ら行動を起こすことをねらいにしたものです。このことを忘れないような対応を考えて欲しいと思います。

　注意についても同じことが言えます。子どもによっては，朝，学校に来てから帰るまで何度も注意を受けていることもあります。はっきり言って，注意を受けて自らするようになる子どもは，まずいません。注意は教育上，マイナスになってもプラスになることはありません。わたしは，子どもにいつ

も注意をする先生は，子どもの実態が把握できていない先生で，子どもの発達を促進することがむずかしい先生だと思っています。子どもの発達を促進できる先生は常に，子どものいいところを見ています。いいところを増やす取り組みを行っています。いいところを増やせば注意することは少なくなっていくと考えています。子どもを注意するよりも注意しなくてもよいところを認めていく対応が，これからの教育で求められる対応です。

　子どもたちにとって，自らする力を育てるためにほめることは必要でしょうか。誰でもほめられるとうれしいのは確かです。しかし，何でもかんでもほめられると，どうでしょうか。わたしもほめることは必要だと思っています。ただ，それは子どもがほめられたことの意味が理解でき，確かにほめられる内容であったかどうかが重要です。わたしは，ほめるにも専門性は必要だと思っています。ほめるという行為は，子どもにとって，ほめられたという事実が重要なのではなく，自分がしたことが認められたと感じることが重要です。「ほめること＝認められること」という意識を持って教師はほめることをしていく必要があります。学校を卒業して社会に出ると，ほめられることなどまずありません。認められる存在が就労維持につながることは先にも述べましたが，職業生活の実際を意識しながら対応することも考えて欲しいと思います。時々，ほめてやらせようと考えている先生もいますが，これは論外です。

　励ますことはどうでしょうか。わたしは，これもあまり必要ないと思います。実際は，自らするようになって欲しいという思いで励ましているケースが多いと思います。ただ，励ましを子どもが自らするようになる手段として使っていることが気になります。子どもによっては，先生の励ましがかえってプレッシャーになり，逆に行動が鈍るケースもあります。自らする力を生きる力に変えていくためには，いろいろ方法を考えるのではなく，自然な振る舞いの中で，子どもの心を動かしていく状況設定，環境設定を整えていく取り組みが何よりも重要です。

　いずれにしても，教師がとらなければいけない対応は，教師という立場を

強調する対応ではなく，共に考え，共に理解し合い，共に努力する，など共感的な姿勢がポイントと言えます。

＊否定的でなく肯定的な働きかけをする＊

　これは，教師としての当たり前の専門的な対応です。否定的な対応（だめ，やめなさい，そうではないでしょう，さっさとしなさい，いつまでやっているの，黙ってしなさい等，教師自身を中心に考えている対応）は，教師が自分の思い，感情をぶつけているだけで，子どものやる気を引き起こすためのものではないことは言うまでもありません。否定的な対応が多ければ多いほど，子どもの意識は内向きになり，かえって自らする力を身につけることがむずかしくなります。

　一方，肯定的な働きかけ（こうしてみようか，こうするともっとできるようになるかもしれないね，一生懸命がんばっているんだね，もう少し早くしてみようか，静かによくやっているね等，子どもを中心に考えた働きかけ）は，子どもに寄り添い，子どもと共にがんばろうとする共感的な働きかけになります。こういう働きかけをいつも受けていると，自らやろうとする力は自然に出てくるようになります。こうした，子どもを信じ，期待を持った内面の働きかけが生きる力を育てるのです。

＊準備，後片付けを重視する＊

　自らできる力を育てるためには，どういう学習から始めればよいでしょうか。どんな学習でもそうですが，学習は準備で始まり，後片付けで終わります。

　準備，後片付けは教師が行い，子どもには，メインとなる学習に自ら取り組んで欲しいと考えている教師がいます。メインとなる学習に自ら取り組むようになることは重要ですが，それだけで，自らする，生きる力が身につくものではありません。自らする力は始まりと終わりが，自らきちんとできていることが土台となります。自ら準備し，自ら課題に取り組み，自ら後片付

けをして終わる，この一連の過程を学習と考える必要があります。自ら学習に取り組むことができると言われている子どもが，地域や職場でそれが発揮できないのは，こうした一連の，自らする学習が行われていないからに他なりません。

　具体的には，まず，自ら準備をする学習設定を考えることです。今日の学習課題を理解して，そのために何が必要かを考え，自ら準備をする学習を取り入れるのです。そうすれば，学習課題にも自ら取り組めるようになります。自らする準備は，当然ながら個々の能力や実態に応じて考える必要があります。教師が，子どもたちが学習課題に取り組むために必要な準備物は整理棚等にきちんと整理整頓しておくなどの配慮も必要です。そうすれば，自分に必要な準備物を自分でさっさと用意できる子どももいるでしょう。それができない子どもには，自分が準備すべき物を画像や文字で示すことも必要かもしれません。いずれにせよ，教師の指示や働きかけがなくても，子ども一人一人が準備物を自分で用意できる力を身につけることを考えて欲しいと思います。

　そして，学習課題が終わったら，準備と同じように，教師の指示や働きかけがなくても，自ら，元通りに片付けることができるようにしなければなりません。子どもが，自ら元通りに片付けることができるかどうかは，教師の準備物の整理整頓の工夫や仕方にかかっています。

　学習課題への取り組みの成否は，準備，後片付けの取り組みをどれだけ重視しているかによって決まってくることを，しっかり理解して，授業計画を立てて欲しいと思います。

⑵　教えるよりも自ら学ぶ学習

　ある学校で，高等部の生活単元学習の授業を見ました。内容は作業学習で作った製品を販売するための応対の学習です。導入で先生が，約15分ぐらい応対の仕方について話をしました。子どもたちは話を聞いている風ではありませんでした。その後，実際に子どもたちに応対の練習をさせていましたが，

うまくできません。15分間の先生の話がしっかり頭に入っていれば，できたかも知れませんが，それは期待はできません。先生がどういう指導をしたかというと，問題点を指摘し，何度もやり直しをさせていました。それでできるようになったかというとそうではありません。結局，応対の仕方を身につけることなく授業は終わりました。

わたしは，いろいろな学校で多くの授業を見せてもらいますが，これが特別な授業であるかというと，そうではありません。むしろ，こういう授業があちこちで行われているのが実際です。

では，どこに，この授業の問題点があるのでしょうか。

何と言っても，教師主導の授業で，教師が教えることを優先させていることが問題です。教師は，教えるのは当たり前だという意識を持ち，今までは，そういう授業が重視されてきましたが，これからはそれを変える必要があります。教師が教える，レクチャーする授業ではなく，子どもが自ら学ぶ授業に変えるのです。

次頁の図を見てください。これは「ラーニングピラミッド」と言って，効率のよい学習方法についてまとめたもので，数字は「平均学習定着率」を示しています。能動的になればなるほど学習の定着化が高く，受動的になればなるほど定着化が低くなることが示されています。

- ・講義，レクチャーを受ける，話を聞くなどの学び—5％
- ・資料や本を読むなどの学び—10％
- ・視聴覚教材による学び（ビデオや写真等による学び）—20％
- ・実験機材の学び（実験や実演を見て学ぶ）—30％
- ・グループ討論，話し合い—50％
- ・体験を通した学習，実践体験—75％
- ・他人に教えた経験（他者に学んだことを教える）—90％

となっています。自らが主体的に学習する体験が定着率が高いことが分かり

ます。まさにアクティブ・ラーニングの重視です。

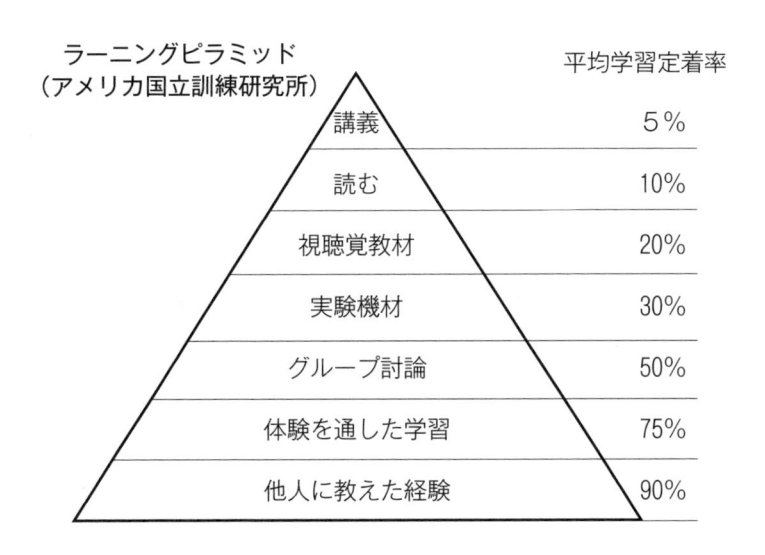

これは通常の子どもについて示されたものですが，障害のある子どもについても同じことが言えます。実際は，障害のある子どもの方がこれよりも定着率が低いことが考えられますから，通常の子ども以上に学習方法の検討が必要です。

　これから考えると，先に示した生活単元学習の授業は講義の授業に入り，子どもたちには，ほとんど記憶されないことになります。生活単元学習は生活課題を生活体験を通して解決していく学習です。この図で言えば「体験を通した学習」に当てはまります。すなわち75％は定着できる学習のはずです。それが生かされていない生活単元学習であるとするならば，指導法を考え直す必要があります。少なくとも，75％が定着する生活単元学習を目指すべきです。

　福井県立嶺南西特別支援学校では，生活単元学習や作業学習の授業で，班長やリーダー，あるいは名人（検定を受けてプロとして認定された人―掃除名人，塗装名人，組み立て名人等）などを設定し，この人たちが後輩やこれ

から名人を目指す人に教える学習を行い，成果を上げています。実際に，わたしも塗装名人や組み立て名人が後輩に教える場面を見せてもらいましたが，教え方は間違いなく，先生以上にうまいと思いました。先生はどうしても教えるという意識が強く，講義調になりますが，子どもは自分が苦労しながら努力して名人になった子たちですから，具体的で分かりやすく，相手の立場に立って教えることができます。自分が苦労して，なかなかできるようにならなかったところは，実際にやり方を見せて教えていました。一方，習う子どもの方はどうかというと，先輩はすごいという思いと，先輩のように名人になりたいという思いがあるからでしょうか，真剣に学んでいる姿がとても印象的でした。こういう学びをもっと多くする必要性を強く感じました。いつも一緒に作業をし，コミュニケーションが取れている仲間同士での教え，学びがよかったのでしょう。こういう，先輩が後輩に教える学習設定を続けていると，先輩は後輩に教えることが，また，後輩は先輩から習うことが当たり前になり，さらに質の高い関係性が生まれます。そうなると，教師がいなくても，子どもたち同士でスキルアップをしていこうとする理想的な学習が成立するようになるのです。

　後輩が先輩のように名人になりたいからと言って，自ら教えを乞うようになった，という話も聞きました。こうした学習を続けているからこそ生まれたことだと思います。これが，我々が求めなければならない自然な関係性ではないでしょうか。

　こうした事例を考えると，前頁の図で言えば，75％の「体験を通した学習」や90％の「他人に教えた経験」を中心に授業を組み立て，自ら学び，自ら課題を解決し，自らスキルアップを図っていく，アクティブ・ラーニングを積極的に取り入れていく必要があることが理解できると思います。

　脳の機能から考えても，インプットよりもアウトプットの方がより記憶がされるということが分かっています。このことからも，話を聞く授業よりも自ら学ぶ授業，教師主導の授業よりも子ども主導の授業，指示されて行動する授業よりも自ら考えて行動する授業に変えていく必要があるのです。

とにかくインプットの学習を最小限にし，アウトプット中心の学習をして欲しいと思います。

(3) 人間性を育てる学習

この教育では，元々は人間性を育てることを目指してきました。知識，技能に偏ることなく人間性を調和的，総合的に育てる全人的な発達を目指す教育を求めていました。しかしながら，人間性を育てる具体的方法が見えにくいこともあってか，どうしても目に見える知識，技能に焦点を当てられることが多く，いつしか，できることを増やしたり，スキルをアップすることが指導目標の中心になっていきました。その結果，次第に子どもたちも，できることが増え，スキルもアップしてきたのですが，それが実生活では機能していないことが問題となりました。人間性を育てる教育をおろそかにしてきたつけがまわったと言えます。

もう一度，教育の原点に立ち返って，人間性を育てる教育を考えていこうとしているのが，これからの教育です。

では，人間性を育てるためには，具体的にどういう学習をすればよいのでしょうか。述べてみたいと思います。

＊人間性の育ちとは＊

人間性は，言うまでもなく内面の育ちによって決まります。内面のキーワードは意識，主体性，意欲です。次頁の図により説明します。

まず育てなければならないのは意識です。意識が内面の育ちの土台となります。意識してできる，意識して行動する，意識して考える，意識して聞く，意識して話す，意識して学習する，目的意識を持つ，生活意識を持つ等，意識を抜きにして生活は成り立ちません。でも，実際は，子どもたちは意識を伴わない生活（指示され言われるままに行動する生活等）をしていることがよくあります。意識を伴わない生活をいくら体験しても生活は成立しませんから，できることが多くても機能しないのは当然と言えば当然です。この意

識は日常生活の指導でしっかりと育てる必要があります。毎日繰り返される日常生活だからこそ，意識が育ちやすいのです。日常生活の指導では，意識を伴う目的的行動の定着が目標です。

　意識が育っていれば，当然ながら主体性が出てきます。意識が育っているということは日常生活に適応できている状態と言えますから，主体性が出てくる素地は育っているということになります。それをどう引き出していくかが生活単元学習での指導になります。主体性と言ってもいろいろな主体性があります。求めなければならないのは，意識を伴う主体性，意欲につながる主体性，発達につながる主体性です。ただ主体性であればよいのではありません。

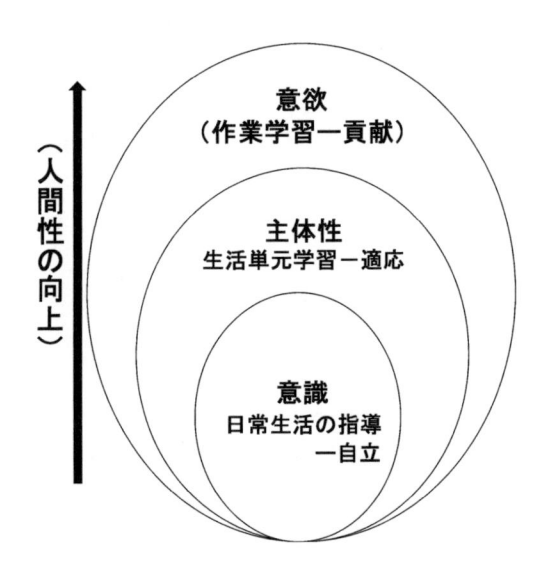

　少し，具体的に述べてみます。

　与えられた課題を主体的に遂行できたとしましょう。これで目標を達成したと考えてはいけません。質の高さを求めていくのがこれからの教育ですから，課題が与えられなくても主体的に遂行できる力を身につけていく必要があります。同時に主体性の内容を検討，考察することも必要です。主体的に

課題を遂行できたと言っても，パターン化されている課題を遂行しただけの場合もありますし，いつもしている課題だからできている場合もあります。淡々と主体的に遂行しているように見えるが，実際は目的意識を持っていない場合もあります。生活単元学習で求めている主体性は，適応できる主体性です。幅広い生活に対応できる主体性です。新たな課題であっても行動できる主体性です。

　やるべき行動を教えて，仮に，主体的に行動できるようになったとしても，必ずしも生活に適応する主体性とはなりえません。自分が考え，判断し，行動することが当たり前にできる主体性を育てることを求めていかなければなりません。内面を育て，内面を耕す主体性が機能する力を育むのです。

＊役割，課題の遂行＊

　人間性を育てるためには役割，課題の遂行が重要です。役割，課題の遂行は生活していく上で欠かすことのできないものです。役割，課題の遂行がどれだけできているかによって生活への適応状態が決まってきます。生活への適応状態は，ただ役割，課題を遂行すればよいのではなく，意識的，主体的，意欲的に遂行できているかがポイントになります。こうした体験を積み重ねれば，人間性は自ずから育ってくると理解して欲しいと思います。

　役割，課題の遂行は生活面と学習面の両面での指導が必要ですが，最終的には生活面で発揮できるようになることが目標です。役割，課題の遂行は生活の質を上げる（生活の充実）ために行うものであることも理解しておく必要があります。そのためには必然性を伴う役割，課題と遂行の質を上げていくことが重要になります。生活面で，質の高い役割，課題の遂行ができるようにするためには，生活単元学習で役割，課題を遂行する学習を積み重ね，そこで身につけた役割，課題の遂行を生活面に般化させるようにするのです。

　学校生活の中で，毎日，生活面と学習面の両方で役割，課題の遂行を積み重ねると間違いなく生活の質が向上してきます。

　例えば，生活面であれば，黒板を拭くとかごみを捨てに行くとか，毎日で

きる，生活上の役割，課題を設定し，それらが自らできるようにすることを目指します。クリアできれば，新たな役割，課題に移行し，同じように自らできるようにしていくのです。こうした活動を繰り返していけば，自ら役割，課題を遂行することが当たり前になり，生活の質が向上していくのです。

　学習面では，１時間の授業で，必ず，個々が自ら果たす役割，課題を明確にし，それを，個々が自ら達成するためには，どういう学習計画，支援を考えればよいかを検討します。そして，授業で自ら果たすことができるようになった役割，課題を生活面に取り入れていくようにすれば，学校生活の質は一層高まります。

　とにかく，一日の学校生活が，自ら役割，課題を果たす活動の連続で終えることができるようにして欲しいと思います。

＊質の高さを評価＊

　わたしは，人間性を育てるには，評価の仕方を考え直す必要があると思っています。子どもたちは，どういう評価をされたときに心を動かし，やる気を出すのでしょうか。学校現場で行われている評価は，できているか，できていないかを基準にしたものがほとんどです。「よくできました○です」，「よくがんばりました」，「ここができていないから，次からは気を付けてやりましょう」などはよく聞く評価です。このように評価をされた子どもが次はもっとがんばろう，次は気を付けてやろう，という気になるでしょうか。評価された，そのときはそういう気持ちが起こるかもしれませんが，次の活動のときには残念ながら，そういう意識は持っていないことがほとんどです。

　では，どういう評価をすれば，意識化が図られ，次の活動に生かされるようになるのでしょうか。我々でもそうですが，それは，自分がした仕事の質の高さを認められたり，評価されたときではないでしょうか。これは，この子どもたちにとっても同様です。仕事で，たくさんの製品ができたとか，仕事が早くできたとかよりも，できた製品の質をほめられたときに心が動きます。そういう意味では，これからの個々の目標は，できることよりも質の高

さを重視する必要があります。そして，授業の振り返りのときには，質の高さをしっかりと認め，評価するのです。「休まずよくがんばりました」「たくさんの製品ができました」ではなく，例えば「この製品のここの出来栄えがすばらしい。よく，細かいところまで気を付けて作業ができましたね。先生だったら，こういう製品は一番に買います」など質の高さに焦点を当て具体的に評価します。そして，さらに，それが一緒に作業をしている仲間にも認められるよう働きかけをするのです。先生に評価され，仲間に認められると，次もがんばろうという気になります。こういう授業をして欲しいのです。

質の高さを評価される体験が多いほど，生活の質が高くなることを忘れないで指導にあたって欲しいと思います。

＊人と人との関係性を重視＊

知的に軽度の障害を持つ子どもで，人間性が育っていない子どもがたくさんいます。一方，知的に重度な障害を持つ子どもで，人間性が育っている子どもがいます。この差は一体，何によるものなのでしょうか。

人間性は人と人との関係性の中で育つものです。人と人との関係性の中で発揮されるものです。軽度の障害を持つ子どもで人間性が育っていない子どもは，人との関係性が取れていない子どもで，重度な障害を持つ子どもで人間性が育っている子どもは人との関係性がよく取れている子どもと言うことができます。

実際に調べてみても，人間性が育っていない子どもは，人とのかかわりが苦手で，人との接触を好まないことが多く，一方，人間性が育っている子どもは常に人とかかわり，人が好きな子どもが多いことが分かります。人間性を育てることに，障害の重さや，能力はそれほど関係しません。

学校現場では，「この子は人とのかかわりが苦手だから，できるだけ人との接触を避けて，個別指導をしています」とか「ブースを設けて人が視界に入らないようにしています」などと，これが，あたかも，子どもの実態に合った最善の指導方法のように言う教師がいますが，わたしに言わせれば，こ

れは論外です。この子どもたちは，学校卒業後の生活は地域や職場で，いろいろな人とかかわりながら生きていきます。かかわらなければ生活が成り立ちません。人との関係性が取れる子どもでなければ，地域生活，職業生活に適応できません。人との関係性は，そのうちできるようになるだろうと考えてはいけません。小さいときから，常に人の中に入り，人とかかわる集団生活を送りながら，集団に適応する力を育てなければなりません。是非，人とかかわることが好き，集団生活が楽しいなど，常に人の輪に入って活動する体験をたくさんさせて欲しいと思います。そうすれば人間性は自ずから育ってくるのです。

＊声掛けの重要性＊

人との関係性が取れていない子どもは孤立化する傾向にありますが，これは子ども自身に問題があるのでしょうか。仮に，そういうことであったとしても，専門家である教師は，常に自分側に問題があると考える必要があります。孤立化するということは，人とのつながりが取れていないということです。自分中心の世界にいるということです。そうであるならば，教師は，人とつながりが取れるような学習設定を考える必要がありますし，個の世界から集団の世界へ移行していく方策を考えなければなりません。人とかかわることで存在感を増し，集団の中で活動することで，集団の一員としての自分の存在を示していく必要があります。

ある自閉症の子どもは，おとなしく，受動的で，特別何の問題も起こすことはありません。この子の一日の学校生活を観察してみると，教師からも，友達からも働きかけられることはほとんどありません。この子の存在すら忘れられているのではないかと感じます。時々は，教師から指示は出されるのですが，名前を呼ばれることはありません。教師から名前も呼ばれない，声掛けもされない生活で，自分の存在を意識することはできません。まさに，孤立化する状況を教師自ら作り出しているとしか思えません。

これは，ほんの一例ですが，学校生活で，教師と子どもとをつなぐ関係性

がどれだけ取れているか，調べてみると，教師が子どもに働きかけてはいるが一方的な働きかけが多く，教師と子どもがつながり合っていない，ということが分かります。教師は子どもとつながっていると思っているかもしれませんが，子どもは教師とつながっていると思っていないのです。

　関係性を成立するために，是非して欲しいことは，一日の生活で，もっと子どもの名前を呼び，一言声をかけることです。子どものがんばりやよさを，改まってではなく，常時伝えて欲しいのです。子どもが自分の存在を意識する働きかけを常に発信しなければ関係性は成立しません。教師の働きかけは重要ですが，最終的には，教師が子どもに働きかけるよりも，子どもが教師に働きかけることが多くなるようにして欲しいと思います。双方向のやり取りがあって初めて関係性は成立するのです。

　子どもは，名前を呼ばれ，声をかけられるとうれしいものです。それだけで自分の存在に気付きます。自分の存在に気付かなければ子どもが教師に働きかけをすることはないことも知っておいて欲しいと思います。

　友達同士で名前を呼び合ったり，励まし合ったり，かかわりを深めることも，教師が学級経営上重視しなければならないことです。

⑷　生活に適応できる学習

　生活の質を高めるためには，生活できることよりも，生活に適応できることを目標に取り組む必要があります。生活する上で必要なできることやスキルを増やせば生活の質が高まるかというとそうではありません。生活の質は，生活に適応すること，すなわち生活の中で，主体的に役割，課題を果たす体験を積み重ねていくことで高まります。主体的に役割，課題を果たす体験の中で，できることやスキルを増やすことを考えればよいのです。できることやスキルを高めるための学習でなく，主体的に役割，課題を果たすための学習の中で，できることやスキルを指導し，質の高い適応を求めていくのです。そうすれば生活の質を高めることを，それほど考えなくても生活の質は高まっていきます。

ただ，生活に適応するために，日ごろから，教師が意識して取り組まなければならないことがあります。それは思考力，判断力，見通す力を向上させる学習設定です。どの学習においても，必ず，思考力を伴う学習，判断力を伴う学習，見通す力を伴う学習を設定して欲しいと思います。これは学習以外の一日の生活においても重視すべきことです。何となく生活をするのではなく，思考力を伴う生活，判断力を伴う生活，見通す力を伴う生活を取り入れて欲しいと思います。思考力，判断力，見通す力を伴わない学習や生活をいくら積み重ねても生活に適応できないし，生活の質を高めることにならないことを知っておいて欲しいと思います。

⑸　脳を活性化する学習

　子どもの一日の生活が生き生きと輝くことができれば，生活の質も向上することは先に述べた通りです。もう少し具体的に言えば，脳が活性化する学習，生活を考えなければならないということになります。実際に学校現場で授業を見ていると，脳が活性化するというよりは，脳が停滞する，脳が楽をする，もっと言えば脳が低下する学習が行われている気がします。子どもたちが発達する授業を行うためには，子どもも教師も脳を働かせ，活性化させる必要があります。

　では，どいう学習，生活をすればよいのでしょう。まとめてみたいと思います。

●脳が活性化しない学習

　脳が活性化しない学習とはどういう学習でしょうか。列挙してみます。

・考えなくてもできる学習

・判断しなくてもできる学習

・見通さなくてもできる学習

・人とかかわりの少ない学習

- ・目的的でない学習
- ・達成感のない学習
- ・やらされる学習
- ・単純で変化のない学習
- ・同じことを繰り返す学習
- ・楽ができる学習
- ・真剣さが求められていない学習
- ・心が動かない学習
- ・新鮮味のない学習
- ・内容が理解できない学習
- ・課題のない学習
- ・集中力，注意力を必要としない学習
- ・努力を必要としない学習
- ・多くの支援を必要とする学習

　こういう学習を続けていると脳は次第に働かなくなります。子どもたちに意欲がない，主体性がない，やる気がない，進んでやろうとしない，真剣さに欠ける，なかなか生活に適応できない，などは現場の先生方がよく口にすることばですが，まさに，この状態は脳が活性化しない学習を積み重ねてきた結果だと言えます。頭が働かなくなっている証拠だと考える必要があります。頭を働かさなくてよい生活，学習を続けてきたことに問題があります。

　とにかく，上記で示した学習でない学習，すなわち上記の否定的なことばを肯定的に変えた学習を設定して欲しいと思います。

　ところで，脳が働いていない子どもとはどういう子どもでしょうか，少し述べてみます。

　指示や働きかけをいつも繰り返さなければ行動できない子どもはいませんか。何度言っても同じ失敗をする子どもはいませんか。落ち着きがなく，情緒が不安定な子どもはいませんか。その場，そのときに衝動的，思い付きで

行動する子どもはいませんか。集中力がなくミスが多い子どもはいませんか。もしいるとすれば，脳が働いていない，頭を使わなくてもよい生活が定着している，と考えてもいいと思います。頭が働いていれば，一度指示を受ければ，次は指示がなくてもやれるはずです。頭が働いている子どもは一度失敗すれば次はそうならないよう気を付けます。情緒が不安定な子どもは見通しを持った基本的生活ができていない可能性があります。思い付きで行動する子どもは考えて行動することが身についていないのです。ミスをすることは誰にでもあります。ただ，ミスに気付く子どもはいいですが，ミスに気付かない子どもが問題です。ミスに気付かなければいつまでもミスを続けます。こういう子どももたくさん見てきました。

　今までは，子どもたちの問題行動や不適切行動は障害や能力によるものと考えることが多かったと思います。もちろん，それをすべて否定するものではありませんが，それを改善できないのは，脳が活性化できていない学習や頭の働かない，させられる学習の積み重ねが原因かもしれません。

　人生の質を高めるためには，どういう教育課程を編成し，教育を行えばよいのでしょうか。この教育の中核である日常生活の指導，生活単元学習，作業学習の３本柱はこれからも重視していかなければならないことは言うまでもありません。しかし，第１章でも述べたように，指導の内容，方法については，人生の質の向上という目標に向けて検討する必要があります。

　この章では，これからの３本柱の在り方はどうあればよいか，指導の内容，方法はどのように変えていかなければならないかについて述べてみたいと思います。

1　**３本柱の基本的な考え方**

　人生の質を高めるためには，教育課程の３本柱をどのようにとらえ，取り組みを行えばよいでしょうか。下図により説明します。

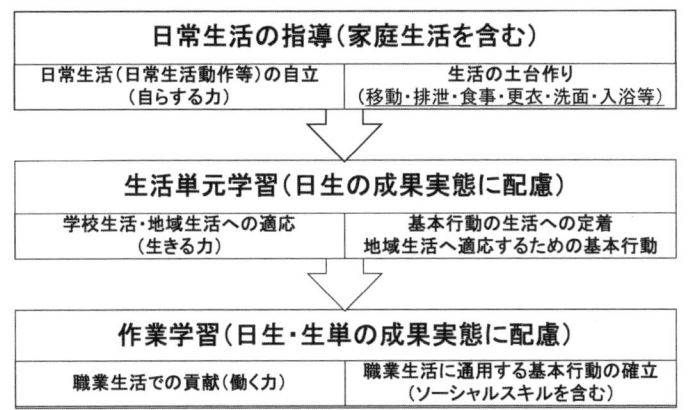

３本柱（日生・生単・作業）の発展的、総合的な取り組みの理解

日常生活の指導（家庭生活を含む）	
日常生活（日常生活動作等）の自立 （自らする力）	生活の土台作り （移動・排泄・食事・更衣・洗面・入浴等）

生活単元学習（日生の成果実態に配慮）	
学校生活・地域生活への適応 （生きる力）	基本行動の生活への定着 地域生活へ適応するための基本行動

作業学習（日生・生単の成果実態に配慮）	
職業生活での貢献（働く力）	職業生活に通用する基本行動の確立 （ソーシャルスキルを含む）

日常生活の指導，生活単元学習，作業学習の３本柱はそれぞれが単独の学習ではなく，相互に関連性を深め，密にしなければ成立しない学習です。日常生活の指導，生活単元学習，作業学習になるにつれ，生活の質と幅が次第に拡大し，より発展的，総合的な学習になっていることを，まず理解しておかなければなりません。日常生活の指導は家庭生活と学校生活への適応，生活単元学習は地域生活への適応，作業学習は職業生活への適応へと，段階的により現実的な生活への適応を目指しているのです。キャリア教育は12年間の連続性，一貫性を重視した教育ですから，これからは，この３本柱が密接にかかわり，当面する生活の中でキャリアを積み上げる教育を推進し，最終的には社会生活に適応していく子どもを育てることが求められていると理解すべきです。

　日常生活の指導は，基本的生活習慣の確立を目指して，学校生活，家庭生活がよりスムーズに，自ら目的的にできるようになるための指導になります。基本的な日常生活の自立，すなわち，生活の土台である移動，排泄，食事，更衣，洗面，入浴等の自立（自分の能力を最大限発揮し，他からの支援を最小にしている状態）が目標となります。移動，排泄，食事，更衣，洗面，入浴等が，意識して自らできるようになることを目指します。評価の視点は，周りから受け入れられる，周りから認められる，周りに通用する行動（基本行動）であるかどうかがポイントになります。できることだけに注目するのではなく，内面の育ち（自らしようとする心の動き）に注目して欲しいと思います。

　生活単元学習は，基本的な日常生活から少し生活の幅を広げ，自らの生活を自らの力でより豊かにする，すなわち，生きる力を自らが高めていく学習になります。自らが生きる力を高めることによって，自分の存在価値を高め，質の高い，自分らしさを発揮した学校生活への適応を目指します。学校生活に適応できれば，さらに地域生活にも目を向け，最終的には地域生活に適応することを目指します。生活単元学習は日常生活の指導をより発展させた，総合的な生活を目指す学習ですから，日常生活の指導で身につけた内容を，

生活の中で般化，応用できるようにすることも忘れてはなりません。

　作業学習は，単に作業をするための学習ではありません。働く力を高めるための学習です。働く力を高めるためには，日常生活で身につけた基本行動も必要ですし，生活単元学習で身につけた生きる力も必要です。これらを抜きにして働く力を高めることはできません。この点をしっかりと理解して，作業学習の在り方を検討する必要があります。職業生活は仕事をするだけではありません。作業はできても職場では受け入れられず，離職する子どもはたくさんいます。その原因は作業中心の作業学習を行ってきたからに他なりません。職業生活は基本行動が身についていなければ，受け入れられません。人との関係性や人間関係がスムーズに取れなければ職場で孤立してしまいます。ルールやきまりが守れなければ安全性が確保できず，職場側から拒否されます。こういうことがないようにするためにも，日常生活の指導や生活単元学習で身につけた力を職業生活で生かす学習を積極的に作業学習で取り入れなければならないのです。

2 ３本柱の関連性の理解

　３本柱が互いにどういう関連性があるのか，脳の機能と関連付けながら説明します。次頁の図に示すように木に例えると分かりやすいと思います。

　日常生活の指導，すなわち基本行動の確立と自立は木の根っこの部分と考えることができます。最も重要な部分ということが分かると思います。栄養を吸収し，根がしっかりと土の中に張り巡らすことができなければ木は育ちません。何よりも木を支えることができませんから，不安定な状態と言えます。まさに日常生活の指導は，生きていくための土台作りの学習だと考えることができます。日常生活の指導を重視し，基本行動を身につけ，日常生活の自立ができていなければ，土台が揺るぎ，人間性を身につけたバランスのよい発達は期待できないということになります。

　生活単元学習，すなわち生きる力，適応力の向上は木の幹の部分にあたります。根が張っていればいるほど幹は大きく育ちます。基本行動が身につい

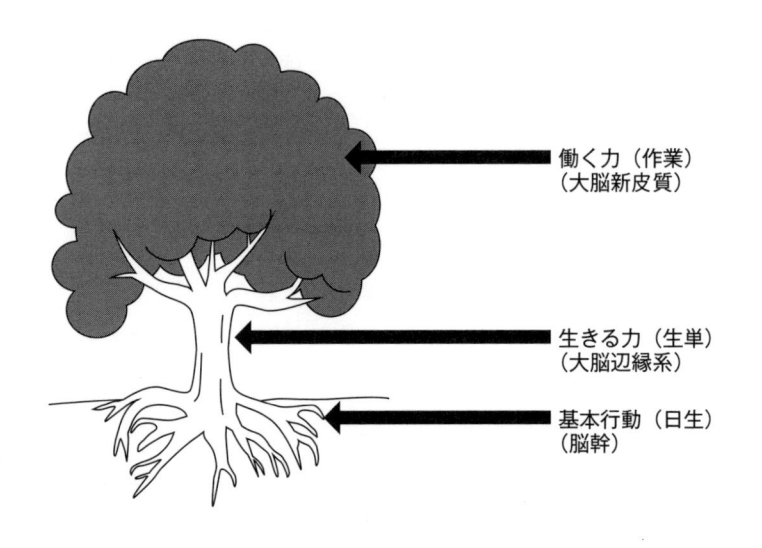

働く力（作業）
（大脳新皮質）

生きる力（生単）
（大脳辺縁系）

基本行動（日生）
（脳幹）

ている子どもであれば生活単元学習での指導次第で間違いなく生きる力は身につきます。ところが，根が張っていなければどうでしょうか。生活単元学習でいくら適切な指導が行われたとしても幹の太さの育ちには限界があります。例え一生懸命指導しても，根の張り方相応にしか幹は育ちませんから，生活に機能する生きる力を育てるのはむずかしいと言えます。当然ながら，根が張っているのに，幹が育たないというケースもあります。せっかく，基本行動が育ち，土台がしっかりしているのに，生活単元学習で適切な指導ができなかったら，残念ながら生きる力は身につきません。根が張っていても，生活単元学習で水や栄養を与えなければ，しっかりした幹は育ちません。日常生活の指導でせっかく，根を張らし，土台作りができたのに，それが生かされないとするならばもったいない話です。生活単元学習は根がしっかりと張った子どもに適切な指導（水や栄養を与える）を行い，さらに根を張り，幹を大きくし，作業学習へとつなげる重要な学習であると考えることができます。

　作業学習，すなわち働く力，貢献する力は葉の茂りに相当します。根が張

り，幹が大きければ，枝は長く伸び，葉はいっぱい茂ります。葉がいっぱい茂ると，太陽の光を受け，栄養分が根に送られ，根はさらに地中を張り巡らし，幹を丈夫にし，立派な木へと成長していきます。葉は根と幹により成長が違うように，葉に相当する作業学習の成果は，根に相当する日常生活の指導と幹に相当する生活単元学習によって随分違ってきます。基本行動や生きる力が身についていなければ，働く力を育てるのはむずかしいということになります。葉は根や幹に支えられ育っていきます。作業学習も基本行動や生きる力に支えられて働く力を身につけていくことを忘れてはなりません。水をやり，肥料をやり，太陽を浴びれば葉はさらに茂り立派な木となります。作業学習は作業学習単独の学習でなく，基本行動や生きる力を高める学習であることが理解できると思います。作業学習においても日常生活の指導や生活単元学習をしっかりと意識して学習計画を立てなければならないのです。

やせたひ弱な木のまま就職してもうまくいかないことは，今までの説明で容易に分かると思います。そういう意味においても，学校教育12年間で，子どもたちを，立派な木に育て職業生活を送ることができるようにする必要があります。そうすれば，学校卒業後の人生の質も高まるというものです。

上述したことは，脳の機能に例えて考えれば，さらにその重要性が明確になります。

根っこの部分は脳に例えると脳幹にあたります。これは，生命力をつかさどる部位にあたると考えられます。具体的な指導内容に例えると，自分のことは自分でできる，早寝，早起きなど規則正しい生活を送ることができる，などです。3本柱の日常生活の指導に相当します。

幹の部分は大脳辺縁系にあたります。これは，生きる意欲ややる気を引き起こしたり，感情をコントロールする部位です。まさに生活単元学習のねらいと同じです。

葉の部分は大脳新皮質にあたります。周りの状況を理解する力や思考力，判断力，集中力，注意力，見通す力などの部位です。これは，より高次な総合的な学習である作業学習に相当します。

こうして考えると，３本柱は，脳の機能に合わせて作られている，実によくできているすばらしい指導形態であると言わざるを得ません。これだけすばらしい指導形態が準備されているのに，それらが機能する学習内容が設定されているのか，３本柱の発展的な指導が行われているのか，となると，残念ながら，そうでないように思います。実は，このことに気付かせてくれたのがキャリア教育の導入だったのです。

3 基本行動の導入の背景

　基本行動は，わたしが愛媛大学教育学部附属特別支援学校の校長として，キャリア教育の実践研究を始めるときに，基本的生活習慣にかわる言葉として取り入れていたものです。その理由は，先にも述べたように，日常生活の指導は木の根っこにあたる部分で，生活の土台を作る学習なのですが，残念ながら，今の日常生活の指導は生活の土台となる学習になっていないと感じたからです。具体的に言えば，身につけた力が限定された日常生活場面でしか通用せず，生活を広げ，生活の質を高める力になっていない，ということです。何度も書きますが，できるようにすることやスキルを高めることに一生懸命になり，人として育てることの重要性を意識できていなかったのではないかと考えられます。確かに，この子どもたちの日常生活においては，できないことやスキルの低さが目につき，何とかしなければならないという，思いを持つのも最もなことです。しかし，本来，日常生活の指導は人間性を高めるために設定された学習です。できることを増やし，スキルを高め人間性が育つのであれば問題ないのですが，こうした指導では人間性が育たないことが，子どもたちの生活実態を調査して明らかになっています。

　では，今までの日常生活の指導の考え方を変えるにはどうすればよいか，検討した結果，日常生活の指導の目標である基本的生活習慣の確立を基本行動の確立に変えることにしたのです。できることを増やしたり，スキルを高めることだけに焦点を当てるのではなく，人間性の向上に焦点を当てるためです。そして，基本行動を「人間が社会で生きていくために最低限身につけ

ておかなければならない行動」「周りに受け入れられ，認められる行動」「限定された生活でなく，幅広い生活に応用，般化する行動」と定義づけました。本校の先生方に，特にお願いしたのは，「子どもの今の行動（例えば着替え，手洗い，排泄等）が地域で，職場で受け入れられる行動であるか，通用する行動であるか，を考えて欲しい。その一方で，先生方の今行っている指示や支援，働きかけが，地域や職場で現実的にあり得ることなのか，を考えて欲しい」ということです。実際は目標の設定を変え，意識化を図っただけですが，これは大変効果的でした。基本行動の定義づけが明確になったのがよかったのか，日常生活の指導が，今までと，がらりと変わりました。

　指示や支援が少なくなり，静かな，子ども主体の日常生活の指導が始まりました。今までは当たり前のように指示を出し，ことばでの働きかけも多く，子どもは自分から動くというよりは先生の指示で動かされている状態でしたが，自分から動かなければいけない対応に変わったのです。先生のことばや行動だけが目立っていた日常生活の指導が，ようやく，子どもの主体的な行動が目立つ日常生活の指導になりました。ある先生から「この子どもたちは指示や働きかけがなくても動けることが分かりました。今までの指導は何だったのでしょうか。子どもの力を信じない指導をしてきたと反省しています」「この子どもたちは言わなければ，働きかけをしなければ動けないと思っていましたが，じっと待っていたら自分から動き始めました。ほめてやるとうれしそうな顔をして，行動も早くなりました」などということばを聞いたときは，子どもを主体とした，子どもの力を信じた，子ども自らができるようになる学習が始まったと感じました。

　こういう学習を続けていると，子どもたちも，「先生は何も言ってくれない，自分でやらなければいけない」という意識が育ってくるのです。これがこれからの日常生活の指導であり，目指す基本行動の確立なのです。

4 日常生活の指導と基本行動

(1) 基本行動の指導方針

　基本行動とは何か。上述した通り，端的に示せば下記のようになります。

> 基本行動＝意識的・主体的な日常生活動作＋周りに受け入れられる対人的行動
> ＝生活の質の向上（人生の質の向上）の土台作り

　日常生活の指導では，意識して，主体的に取り組む日常生活動作（移動，排泄，食事，更衣，洗面，入浴等）を身につけること，そして，その日常生活動作が周りに受け入れられる対人的行動（基本的ソーシャルスキル）を伴っていることが確立の条件になります。ただ，この2つの条件をクリアできれば，必ずしも OK というわけではありません。条件をクリアしたのであれば，その動作を使って機能する生活ができるようになった，すなわち，生活が変化した，生活の質が変わった，と言えるところまで確かめる必要があります。

　具体的な指導事例を述べてみたいと思います。

　例えば，学校であいさつ（おはよう，さようなら等）・返事（はい，いいえ，分かりました等），応対（どうぞ，ありがとう等）ができるのに，地域や職場では通用しないことがよくあります。これは，あいさつ・返事や応対をすることを教師側の視点から指示したり，仕向けたり，また方法や仕方だけを教えたりして，その行動やことばの持つ意味が，伝えられていない，教えらていないからに他なりません。

　ある先生が，自閉症の子どもに，人に何かをしてもらったときは「ありがとう」と言わなければならないことを教えました。すぐには定着しませんでしたが，繰り返し指導していると，先生に何かをしてもらったときは「ありがとう」のことばが出るようになりました。先生はようやくできだしたと喜びました。しかし，現場実習に出て，同じような場面に何度も出くわしたの

ですが、「ありがとう」のことばは全く出ませんでしたし、そういうそぶりも見せませんでした。これはほんの一例ですが、こういうことのないようにするために取り入れたのが基本行動の確立です。

　では、どういう指導を行えばよいでしょうか。先生方には、学校でできるとか、先生とならできるなど限定された生活でできることを目標にしないで欲しいと思います。常に地域や職場で通用するためにはどういう指導や対応が必要かを考えて欲しいのです。担任の先生にできても他の先生にはできないことはよくあります。特定の先生だけにできることもあります。学校で、どの先生にでもできるようになっても、友達や先輩にはできないこともあります。ましてや学校以外の他人となると言うに及ばずです。先生との関係性は必要ないと言っているのではありません。身近な人との関係性を結ぶのが目標ではありません。先生との間でできるようになれば、他の先生、そして友達や先輩、地域や職場へと段階的にできるようにしていく目標設定が必要です。この子どもたちは学校でできても、地域や職場で、実際に、それを使うことを教えなければ、なかなかに定着がむずかしいことを知っておいて欲しいと思います。もちろん学校で教えたことやできるようになったことが、実際で使う体験をしなくてもできれば、それに越したことはありません。そういう指導の在り方を目指すべきでもあります。それが、この教育の教師の専門性であることも忘れてはなりません。

　先生方は、ことばの使い方や行動の仕方を教えることが多いですが、教えることよりも、意志を伴う主体的なことば、意志を伴う主体的な行動を引き出す支援が重要です。ある自閉症の子どもはことばを発することはできませんし、自分からはあいさつをすることもむずかしいです。でも、どんな人からでもあいさつをされると、丁寧に帽子をとって頭を下げることができます。とても気持ちのよいあいさつをしてくれますので、この子にはこちらから声をかけたくなります。こういうあいさつが周りに好影響を及ぼし、この子には積極的にあいさつしてくれる人が次第に増え、関係性が広がっていったのです。あいさつとは本来、関係性の広がりを求めるものです。

関係性の広がりを求めることが自然なあいさつであり，生活の質を高めることになるのです。

(2) 指導目標

今一度，日常生活の指導の指導目標を整理してみたいと思います。

求める目標は，日常生活（基本的生活習慣を中心とした基本的生活）の質を上げることです。そのためには基本行動の質を上げる指導が必要になります。どうしても身につけなければならない重要な5点の指導内容を以下に示してみます。

＊正しい確かな日常生活動作の確立＊

日常生活動作は身についていると言っても，正しく確かにできているかとなると，そうでないことがたくさんあります。これでは地域や職場では通用しません。障害が重いため，能力的な問題で正しく確かにすることがむずかしい，という話も聞きます。正しく確かにできることは重要です。しかし，もっと重要なのは，正しく確かにしなければいけないという意識です。そういう意識がなければ，仮に正しく確かにできたとしても通用はしません。正しく確かにしなければいけないという意識があって，正しく確かな行動を身につけたとき，初めて通用する力となるのです。障害の重い子どもや能力的にむずかしい子どもでも，正しく確かにしなければならないという意識が育っていれば，徐々に正しく確かな行動を身につけていくでしょうし，自分でできなければ，できる人に支援を求めるようになるはずです。これが生きる力として機能するのです。指導，訓練ではなく，意識を育てながら正しい確かな行動を身につけて欲しいと思います。

＊生活のリズムの確立＊

人間が生命力を維持するためには，起きて，食べて，寝るという人間本来の生活リズムを身につけていることが基本です。起きたいときに起きて，食

べたいときに食べて，寝たいときに寝る生活は，感情がコントロールできない生活となり，心身の発達にも影響します。生活のリズムは，起きて，食べて，寝るが基本ですが，当然ながら個々の年齢や生活場所（家庭生活，学校生活，地域生活，職業生活）によって考えていく必要があります。学校生活が始まれば学校生活に合わせて生活のリズム（登校，学習，日常生活動作，下校等）を整えていかなければなりません。学校生活のリズムの確立を最優先した日常生活の指導を行う必要があります。学校生活のリズムの確立を最優先した日常生活の指導を行うとは，日常生活の一部分に焦点を当てる指導を優先させるのではなく，一日の学校生活の流れを理解し，自ら行動できるようにすることを優先するということです。具体的に言えば，着替えの指導に時間がかかりすぎて朝の会に間に合わないとか，手洗いの指導に熱心に取り組み過ぎて給食が遅れるとか，といったことのないようにするということです。生活のリズムが身につくとは，朝起きて寝るまでの生活が見通しを持って一人で主体的に行える生活が身についているということです。生活のリズムが身についていない子どもに，部分に焦点を当てた指導をすると，部分は確立できても生活のリズムが身についていないために，せっかくの部分が機能しないことになります。生活のリズムを身につけることを最優先しながら，部分の指導を行うことが重要であるということです。

＊意識的行動＊

日常生活の指導では，できる行動を増やすのではなく，内面を伴う行動を増やすことが重要であると述べてきました。中でも意識的行動は最も重視する必要があります。言うまでもなく，意識しない行動は行動とは言いません。行動とは意識して起こす，思考を伴う行為です。行動を意識する，行動を思考することができなければ機能する行動は生まれません。意識しない行動は無意識による行動であり，般化する行動でないことは言うまでもありません。

できる行動を増やす指導をしていると，できる行動は身につくかもしれませんが，その場限りの，限定した行動になる可能性があります。言われるま

まに起こしている行動，指示されるままに動かされている行動，パターン化された行動に過ぎません。

　日常生活の指導では，とにかく行動に働きかけるのではなく，意識に働きかける指導を行って欲しいと思います。意識した行動，考えた行動ができだしたら正しく，確かにできる行動を指導すればよいのです。

　ところで意識へ働きかける指導とはどういう指導でしょうか。行動させる指導ではなく，行動を引き出す指導です。次に何をしなければいけないかを自分で考えて行動できる支援をするのがポイントです。

　例えば，給食を食べる前に手洗いをしなければいけないことを意識させる，とします。子どもが動かないため「手を洗ってきなさい」と言うのはどうでしょう。よくないことは分かると思います。では「次はどうしたらいいの」はどうでしょうか。これも，ことばは違えど指示となんら変わりません。意識化させるには，ことばは最小限にし，自ら気付いて行動するようにしなければなりません。聞いて気付くのではなく，見て気付く学習を設定するのです。友達の行動を見て行動を起こすのもいいでしょう。先生が見本を見せるのもいいでしょう。画像を通して気付かせるのもいいでしょう。いずれにしても，自分で気付いて行動する方法を個々の実態に応じて考えることが必要です。

＊主体的行動＊

　日常生活動作を主体的に行う，これは生活の基本であり，当たり前のことです。生活へ適応するための土台と言えるべきことです。地域でも，職場でも日常生活動作ができないからと言って積極的に支援をしてくれることはまずありません。支援をしてくれるのは家族や教師など，ごく身近な人に限られます。地域生活や職業生活がいつも身近な人と共にできるのであれば問題ないですが，地域生活や職業生活は地域の人や職場の人とかかわり，適応の幅を広げていく生活ですから，支援は最小限にした状態で，自らが積極的に参加する必要があります。そのためには，地域でも，職場でも周りの人に受

け入れられる日常生活動作は身につけておく必要があるのです。

　当然ながら能力や障害がありますから，すべての日常生活動作が主体的にできるようになるにはむずかしい人もいるでしょう。そういう人は地域生活や職業生活は無理かというとそうではありません。これは先にも述べた自立的な生活ができるようにすればよいのです。できることは自分で主体的に行い，できないことは周りの人に積極的に働きかけをし，支援をしてもらう生活ができれば，周りの人も受け入れてくれますし，むしろ好感を持って接してくれます。職場で，よく指摘される問題を挙げると，「できるのにしない」，「言われないとしない」，「できないことはいつまでもじっとしている，こちらが気付くまで動かない」，「してあげても知らんふりで，ありがとうが言えない」，などです。要は主体性が身についていないということです。

　私の体験では，地域の人も，職場の人も，みんな障害を持っていることをきちんと理解して対応しようとしている，と感じています。ただ，それは子どもが自立的な生活ができていればこその話です。そういう意味においても，日常生活動作は，できなくてもできるところまで主体的に一生懸命行い，できなければ支援を主体的に求めることのできる子どもを育てる必要があります。これが日常生活への適応の基本条件であると理解して欲しいと思います。

＊目的的行動＊

　日常生活動作はできることが目標でないことは先に述べた通りです。目的を持ってできることが目標です。着替えをしなければいけないから着替えるのではなく，掃除をしなければいけないから着替えるのです。日常生活動作にはすべてに目的があって行う行為だという理解をしておく必要があります。そうであるならば，それに応じて指導方法，対応方法を考えなければなりません。例えば「早く着替えなさい」の指示は着替えることが目的になりますが，「早く着替えて掃除をしましょう」では目的が違ってきます。「早く掃除に取り掛かりましょう」がもっと目的的な行動を促す指導になります。他の動作についても同じことが言えます。「手を洗いなさい」でなく「給食の準

備をしましょう」の方が目的的行動を身につけます。「給食の準備をしまし
ょう」と言えば，手を洗い，エプロンやマスク，三角巾をして給食を取りに
行けるようになることが基本行動の質を向上させます。こうした指導を続け
ていると，給食の時間がくれば，自分から目的的に行動できるようになるの
です。これが機能する日常生活動作となります。

　目的的行動はいちいち説明する必要はありません。行動を通して自ら理解
していくようにすることがポイントです。どんなに障害が重度な子どもでも，
帰りの着替えは指示しなくても，自らしようとします。帰るという目的が理
解できているからです。1日の生活すべてを，このように目的的にできるよ
うにしなければならないのです。

⑶　小・中・高の指導の違い

　キャリア教育は学校教育12年間の指導の連続性，一貫性，積み重ねがない
と成り立たない教育であることについては，先にも述べました。この基本行
動についても同様です。12年間，教師が指導の一貫性を維持しながら，地域
や職場に通用する基本行動をどれだけ積み重ねることができるかが，重要な
ポイントになります。指導の連続性，一貫性については，12年間を通して指
示や支援がなくても，自ら目的的に日常生活を送ることができる力を身につ
けることが目標になります。具体的な指導法は，できることを目指すのでは
なく，内面への働きかけを強め，意識してできる，意欲的にできる，主体的
にできること，すなわち子どもの意志力を高めることに重点を置きます。そ
して，身についた意志力を生かしながら，できないことに自ら努力して取り
組むことができるようにするのです。

　できることはよりできるように，身についていないスキルは自らが高める
ように，身についているスキルはさらに精度を上げるようにするのです。

　最も重要なのは積み重ねがどれだけできているか，です。12年間，基本行
動の指導を積み重ねてきたと言っても，それが，どれだけ通用する力になっ
ているか，先生方に尋ねても，明確な回答が返ってこないことがほとんどで

す。問題は，12年間の指導の記録が残されていないからです。一人一人の指導を充実すべき個別の指導計画が活用されていないのです。これではキャリア教育を重視して取り組んでいるとは言えません。指導を担当したそれぞれの先生が，連携を取り合うことなく，12年間の積み重ねを重視することなく，思い付きで，自分の判断で指導してきている，と言えば言い過ぎでしょうか。わたしは，今の学校現場を見ていて，もちろんすべてではないですが，こういう指導が当たり前になっているのではないか，と危惧の念を抱きます。

　キャリア教育に取り組むということは，子どもの指導を考える前に教師がキャリア教育の本質をしっかりと理解し，意識を新たにしなければなりません。キャリア教育の本質をしっかりと理解し，意識を新たにすることができれば，記録を積み重ねていくことの重要性は自ずと理解できるはずです。

　具体的に，どういう記録を残せばよいかというと，少なくとも，日常生活動作のすべての項目について，「地域や職場で通用する」，「受け入れられる」，「認められる」という視点で，1年単位で，身についていることとそうでないことを，課題や今後の指導方針も含めて具体的に記述し，次の担任に引き継ぐことをして欲しいと思います（個別の指導計画の充実）。そうすれば，12年後の卒業時点では，すべての日常生活動作が，地域や職場で通用する力として確立していると思います。どんな子どもであっても，一つ一つの指導を積み重ねれば，間違いなく学校卒業後の生活は豊かになります。たとえ就職できなくても，この基本行動が身についているだけで，その子なりの生きがいのある生活が送れるようになるのです。

5 生活単元学習と基本行動

　日常生活の指導は基本行動の確立に絞った単一の学習になりますが，生活単元学習は日常生活の指導を含む学習になります。ただし，生活単元学習で日常生活の指導に取り組むのではありません。時々，生活単元学習で，着替えの仕方とか，手洗いの仕方を教えていることがありますが，もし，定着していないならば日常生活の指導の場で教えるべきです。生活単元学習は生き

る力を身につけ，機能的な生活を実現するための学習ですから，日常生活の指導で身につけた基本行動を生活単元学習の中で生かし，般化，定着させるための学習になります。

(1) 指導目標

　言うまでもなく生活単元学習は日常生活の指導よりも，より総合的な学習になり，生きる生活を体験する学習です。より総合的な学習とは，基本的な生活から実生活へと生活の幅と質が広がるということです。身近な自分中心の生活から普通の人とのかかわりを大切にしながら，役割，課題を果たす，当たり前の生活へと変わっていく，すなわち将来を生きる生活を考えた生活づくりの学習になります。その土台となるのが日常生活の指導で身につけた基本行動ですから，それを生かした生活を考えなければ生活の幅と質は広がりません。役割，課題を果たす生活の中には必ず基本行動が必要となります。日常生活の指導で身につけた基本行動を役割，課題を果たす生活の中に確実に定着させることで，確かに機能する生活をつくり上げていくのです。勘違いしないで欲しいのは，基本行動を中心とした生活単元学習を設定するのではなく，生活単元学習の目的に沿った，必然性のある学習の中に基本行動を取り入れるということです。あくまでメインの学習は生活単元学習であり日常生活の指導ではありません。

　基本行動の定着は日常生活の指導において行うものですが，生活単元学習での基本行動の指導は，日常生活で身につけた基本行動を生活の一部として確立し，生活の質を上げるために行うものであることを理解しておいて欲しいと思います。

(2) 小・中・高の指導の違い

　基本行動を実生活に定着させる指導は，子どもの実態に合わせた生活の中で行います。日常生活の指導で身につけた基本行動を，生活年齢や発達年齢に応じた生活の中で，応用，般化させ，実生活に通用する力に変えていくの

です。生活に適応するための学習，適応の質を高めるための学習を行うということになります。

　小学部の生活単元学習は家庭生活や学校生活での課題解決が中心です。中学部になると学校生活や地域生活が中心になります。高等部は地域生活，職業生活が中心です。年齢によって生活単元学習は生活内容や生活の幅が変わってきます。それぞれの年齢に応じた段階的な生活の中で基本行動をしっかりと定着させる学習が行われてこそ，最終的には職業生活に通用する基本行動が身につき，学校卒業後の生活の質を高めるのです。

　学校生活で基本行動が定着しているからと言って，地域生活で通用するとは限りません。むしろ通用しないことが多いと考えた方がいいと思います。同様に地域生活で通用するといっても，職業生活で通用しないこともたくさんあります。その時々での指導よりも，発達年齢に応じた生活の中での段階的な積み重ねの指導が効果を発揮するのです。

　基本行動はどうしても行動に目が向きがちですが，実際は，行動は問題なくできるのに，生活が変われば通用しないことがたくさんあります。基本行動が通用するかどうかは，行動が定着しているかどうかよりも，人と人との関係性の中でどうできるかがポイントになります。学校生活は自分のことを理解してくれている身近な先生や友達の中での基本行動ですから，分かりやすく安心して行動できます。また，いつも行っている慣れた行動ですから，あまり考えることなくできます。しかし，地域生活や職業生活となるとそうはいきません。学校とは環境や雰囲気が違い，周りは知らない人ばかりです。間違いなく定着していると考えている基本行動でも，通用しないことが多いのです。

　こういうことからも，基本行動の定着を日常生活の指導だけで行うことは問題であることが分かると思います。これからの生活単元学習は，学校生活で身についた基本行動が，地域生活や職業生活にどれだけ応用，般化，定着したかを常に把握して，課題を明確にした上で指導を行っていく必要があります。

生活単元学習は基本行動を生活に定着させるための重要な学習の一つであることを忘れないようにして欲しいと思います。

6 作業学習と基本行動

職場で働くということは，基本行動が身についていることが前提であることは言うまでもありません。職場からすると「基本行動が身についていない子どもの採用は考えられない」というのも最もです。日常生活の指導で基本行動を重視するのは，職場で通用する行動を目指したものであることを忘れてはなりません。作業学習はどうしても作業をすることを中心に学習が進められることが多いですが，就職を実現し，質の高い職業生活を送らせることを考えると，生活単元学習の指導と同様，作業学習においても基本行動を定着させる指導は欠かせません。作業学習は生活単元学習よりもさらに高次な総合的学習になります。働くことを重視することはもちろんですが，日常生活の指導や生活単元学習で身につけた基本行動の力を作業学習の場面でも発揮させ，より質の高い職業生活の確立を目指す必要があります。

(1) 指導目標

基本的には生活単元学習と同じで，日常生活の指導や生活単元学習で定着した基本行動を作業学習の中に自然な形で定着させることが目標になります。就職後の職業生活を想定して，職業生活の質を上げるための基本行動の定着を考えなければなりません。当然ながら，職業生活の質を上げようとすれば，日常生活の指導や生活単元学習で定着した基本行動だけでは通用しないことは言うまでもありません。職場の人との関係性の向上や職種や仕事内容などによって，さらに身につけなければならない基本行動はたくさんあります。いくつか例を挙げると，マナー，身だしなみ，規則の遵守，報告，連絡，相談，コミュニケーション，協調性，感情のコントロールなどがそれにあたります。具体的には，職場から「食事のマナーが悪い」「汚れた服やボタンのとれた服を着ている」「入ったらいけないところに勝手に入る」「失敗しても

報告ができない」「体調が悪いときに連絡ができない」「分からないことがあっても相談に来ない」「はいと返事をしても分かっていないときがある」「2人で協力して仕事をするとき，マイペースなので仕事がしにくい」「すぐにすねたり，怒ったりする」などの指摘があります。こうした職場での課題や問題点を把握した上で，作業学習での基本行動の指導を考える必要があります。

　学校でも，職業生活に必要な基本行動の指導は行っていると思いますが，それが職場で通用していないとするならば指導方法を検討する必要があります。学校でできても職場ではできない。これは，むしろ当たり前のことであると考えた方がいいです。職場と学校では環境が違います。職場は年齢差が大きく違う集団であり，また，先輩や上司もいます。規則，きまり，安全に関する重要度も違います。真剣さ，厳しさ，注意深さも違います。少しでも職場で通用する基本行動を身につけようとすれば，現場実習や職場訪問を通して，職場で必要な基本行動の内容を把握し，それを職場に，より適応できるように作業学習に取り入れていく必要があります。

(2)　中・高の指導の違い

　作業学習での基本行動の指導は，中学部と高等部では違いはなく，中学部，高等部の6年間で，職業生活で必要な基本行動を，個々の実態に応じて一つ一つ身につけていくことが必要です。職業生活は多様な集団になりますから，学校においても，中学部と高等部が別々に作業学習を行うのではなく，中学部と高等部が合同で作業学習を行い，多様な集団の中で，学部を超えた先生から基本行動を身につける指導を受けると，より職業生活に適応できる力が身につきます。先輩，後輩の関係性を重視し，先輩から学ぶことも積極的に取り入れていくと一層効果的です。

7 これからの生活単元学習

　生活単元学習は，一言で言えば，生活の仕方を学び，生活力を身につける

学習です。質の高い生活ができる子どもを育てる学習です。生活できるとは，支援を最小にした生活ができる，目的的な生活ができる，人とかかわりながら楽しい生活ができる，自分の得意を生かす生活ができる，自信の持てる生活ができる，自分の存在を示す生活ができる，ということです。人との関係性から考えると，周りに認められる，周りから必要とされる，周りに役立つ，周りから感謝される，ことが重要になります。

　果たして，こういうことを意識した生活単元学習が，どれだけ行われているのでしょうか。実際の授業を見ていると，とても生活として成立しているとは思えない，実際にはあり得ない生活を学習させられているケースがたくさんあります。生活は一連の流れや，見通し，主体性，意欲，目的性があって初めて成立します。一つ一つの単元につながりがなく，何を目当てに取り組み，ゴールはどこにあるのか，全く見えない学習が堂々と行われている学習もあります。生活を中心とした学習をしても，生活として成立しない学習は，いくら学習を積み重ねても生活の質や生活力を高めることはできません。厳しく言えば，子どもが生活感を感じない学習は学習の意味がないのです。

　わたしが特に気になるのが，生活ごっこのような学習です。生活単元学習は遊びやごっこではありません。具体的で現実的であることが基本です。遊びやごっこ学習での課題解決ではなく，具体的で現実的な生活の中での課題解決が必要です。遊びやごっこ学習が実際的な生活につながると考えている人もいるようですが，この子どもたちの実態から考えると，それはあり得ません。買い物ごっこをして，実際の買い物につながるか，というとほとんどそうではありません。買い物ごっこをするなら，実際に買い物を体験して，見つかった課題を買い物ごっこを通して解決し，もう一度実際の買い物に挑戦するなどという，子どもにとって見通しの持てる，目的の持てる学習の設定が必要です。

　ある学校で，小学部の生活単元学習「劇遊び」（おおかみと七ひきのこやぎ）の授業を見ました。遊びでも，こういう「劇遊び」なら効果があると思いました。1時間の授業構成が見事でした。まず最初に，先生方が手作りし

た紙芝居を見ます。次は紙芝居と同じ背景が教室に用意され，子どもたちがペープサートを使って，それぞれの役を演じます。そして最後は広いホールに移動し，大道具，小道具を使った現実的な場面が用意された中で，子どもたち一人一人がこやぎになりきり，劇を演じるのです。先生はおおかみ役です。紙芝居やペープサートでの学習が生かされており，子どもたちは生き生きと自信を持った活動ができていました。ごっこや遊び学習でも１時間の授業の中に現実的な学習に向けた，目的が明確で，思考が連続する学習であれば，生活の質を高める，いい学習になります。

　これからの生活単元学習は，子どもたち一人一人が集団生活で求められている役割，課題を主体的に果たし，生き生きと，目的を持って現実的な生活を体験していく学習にする必要があります。

　では，具体的に言うと，どういう学習が求められているのでしょうか，学部ごとに授業のポイントを述べてみたいと思います。

⑴　小学部の授業改善のポイント

　小学部の授業で重視して欲しい生活は次の３点です。

・目的的な生活

・連携，協力する生活

・生活として成立する生活

　まずは，見通しを持って，目的的な生活ができるようにすることを考える必要があります。そのためには当然子どもの発達段階に合った生活でなければなりません。スタートからゴールまで見通しが持てる生活を用意し，目的的に行動できるよう支援を考えるのです。スタートからゴールまでの見通しは，子どもの実態に応じて設定しなければなりません。障害が重い子どもであれば，自分のすることが分かり，見通しを持ってできるようにすればいいですし，理解力が高い子どもであれば，自分の活動の見通しだけでなく，集

団の活動としてのゴールを見通して，目的的に活動できるよう計画を立てればいいと思います。とにかく個々に応じて目的的な生活目標を設定することが重要です。

　連携，協力する生活は，集団として，お互いが仲間を意識して協力し合うことができるような学習を行うということです。生活単元学習は個々が役割，課題を果たすことだけがねらいではありません。集団として一つになって，お互い仲間同士が協力し合い，ゴールに向かって，それぞれが役割，課題を果たしていく学習です。できないことがあれば仲間に助けてもらう，あるいは，できる子どもができない子どもに自主的に手を差し伸べる，そういう仲間意識が自然に出来上がるような集団を，小学部では是非確立して欲しいと思います。

　生活として成立する生活は，あくまで，子ども側に立って考える必要があります。教師側が生活が成立していると思っても，子どもが生活感を実感していなければ生活が成立しているとは言えません。小学部の生活単元学習は単に生活体験を積み重ねることが重要ではなく，子どもが生活することの楽しさや喜び，さらには，またやりたいという意欲が生まれる体験が重要です。授業の終わりの振り返りの時間に，先生が「今日は何をしましたか」「何が楽しかったですか」と問いかけても，何の返事も返ってこなかったり，「○○をしました」と自分がしたことに限定した回答をする場面がよく見られます。こういうやり取りを聞けば，この生活単元学習は，子どもたちが生活を実感する体験をしていないことが分かります。「今度は○○のようにしてみたい」，「みんなで○○をして楽しかった。またしたい」など次の生活につながる振り返りができるような生活であるべきです。

　では，具体的にどういう授業改善が必要かを述べてみます。

＊映像として記憶に残る生活＊

　生活として成立する生活とは映像として記憶に残るかどうかがポイントになります。記憶に残るようにするためには，まとまりのある生活，ストーリ

ーのある生活であるかどうかが重要です。先生が考えるまとまりやストーリーでないことは言うまでもありません。子どもがまとまりを感じる生活，子どもがストーリーを理解する生活です。最初から，まとまりやストーリーを理解できなくてもいいです。学習を進めるうちに次第に，感じ，理解できていく学習であれば問題ありません。ただ，教師が，こういうことを意識して学習を計画しているかどうかが何よりも重要です。

　では，子どもたちが次第にまとまりやストーリーを理解できるようになるためにはどうすればよいでしょうか。最初は教師が支援したり，手伝ってやるのもいいでしょう。しかし最終的にはすべてを子どもたちだけで，まとまりのある生活，ストーリーのある生活を進めていくことができるように支援を考えなければなりません。こうした体験をすると，間違いなく映像として残りますから，「またやりたい」「今度はこういう風にしてみよう」と生活を前向きに考えることができるようになります。適切な映像が積み重ねられるということは，生活を自分で主体的に進めるための材料，財産ができたと考えられます。しかしながら，一方で不適切な指導により，マイナスの映像（叱られた，注意された，理解できなかった，することがなかった，先生がしてくれた，何もさせてくれなかった，否定された等）が残る場合もあります。こうしたマイナスの映像が積み重ねられると，子どもは生活を組み立てられず，主体的に行動することができなくなります。映像化は重要ですが，プラスの映像化であってこそ効果があることを忘れないようにして欲しいと思います。

　この子どもたちは教えたことの積み重ねよりも，映像の積み重ねにより自分の生活をつくっていくことを理解しておく必要があります。

＊指示のいらない学習設定＊

　小学部での生活単元学習での評価は，指示や支援がなくても，子どもたち同士で協力し合い，生活課題を主体的にこなし，自分たちだけで生活をつくることができているかどうかがポイントになります。指示や支援が多ければ

多いほど生活単元学習の評価は低いと理解すべきです。生活を実感できない生活を体験している可能性が高いからです。

では，教師は何をすればよいのか，ということになりますが，理想は，集団の一員として（クラスの一員の一人として）参加し，子どもたちの生活づくりに貢献することです。子どもがしていることを手伝ったりはしないことです。生活で重要な部分を担うこともしないことです。重要な部分は子どもが担わなければ，自分たちだけで遂行しているという意識は生まれません。例えば，「ゲームで楽しんでもらおう」という学習では，先生はバックミュージックをかける役割を担っていました。「お店屋さんをしよう」では，お客さん側について支援していました。このように，あまり目立たない役割を担いながら集団の一員としての位置を確保するのです。

子どもたちだけでさせているのはいいですが，教師が子どもたちのそばで，心配な顔をして見守っている場合があります。これはいい対応ではありません。教師の役割として子どものそばについていなければ，と思う必要はありません。子どもたちだけで生活できるように学習を計画したり，教材を準備したりができているだけで，十分教師としての役割は果たしていると言えます。自信を持って集団から離れるのも教師としての，子どもを育てるための重要な役割です。

とにかく，指示なしで，教師なしで子どもたちだけで役割，課題を遂行できるようにすることが目標です。指示や教師の働きかけが多ければ多いほど子どもは発達しないし，生活力も身につかないと理解しておいて欲しいと思います。

＊ベースラインとなる実態を把握＊

生活が成立するかどうかは，子どもの実態に応じた生活が用意されているかどうかに尽きます。子どもの実態からして，むずかしい生活課題を設定すると，どうしても，できるようにするための指導に一生懸命になり，大事な生活そのものを学ぶ学習がおろそかになります。生活課題を何とかクリアし

ても，生活することを学習していなければ，生活の見通しも立ちませんから，生活の質は一向に変わらないという課題が残ります。

　では，子どもの実態に応じた生活はどのように設定すればよいのでしょうか。何と言っても，生活課題の設定は，ベースラインとなる実態を把握した上で考える必要があります。ベースラインとなる実態とは，指示も支援も，働きかけも何もしない状態での子どもの活動実態のことです。生活単元学習の最終的な目標は，一人で主体的に役割，課題を遂行できることですから，これをクリアするためには，ベースラインによる実態をもとにした段階的な学習計画を立てる必要があります。ベースラインとなる実態を把握したら，この実態をもとに，どのような教材，教具，環境設定などを工夫すれば一人で主体的に役割，課題を遂行できるようになるのかを考えるのです。そして，ベースラインとなる実態を少しずつレベルアップさせながら，最終目標の役割，課題を主体的に遂行できるようにするのです。役割，課題を設定するときに，ベースラインからスタートしないからいつまでたっても，最終目標の役割，課題を主体的にクリアできるようにならないのです。

⑵　中学部の授業改善のポイント

　中学部の授業で重視して欲しい生活は次の3点です。

・目標の達成に向けて努力しようとする生活
・感謝される生活
・自信の持てる生活

　まずは，子どもが目標の達成に向けて努力しようとする生活を設定する必要があります。生活単元学習の指導案を見ると，本時の目標が個々に応じて書かれています。しかし，その目標を達成するための支援や対応が示されているかというと，そうでない場合がほとんどです。実際の授業を見せてもらっても子どもも教師も本時の目標に対する意識がなく，目標達成のための授

業が進められていないこともしばしばです。言うまでもなく，授業は，1時間の授業で子どもが本時の目標を達成するために計画されるものです。本時の目標を一つ一つ達成することで子どもの発達が促進されるのが授業です。

　授業は子どもが発達するための重要で貴重な機会であり，そのためには目標の達成は欠かせないことを忘れてはなりません。これを達成すれば，子どもは発達するだろうという目標を個々の実態に応じて設定し，それを確実に達成するための授業計画を立てるのです。1時間の授業で子どもが目標を達成すれば，間違いなく発達する目標を考えて欲しいのです。

　具体的には，教師が子どもを発達させる指導を行うのではなく，子どもが自ら発達する（主体的に目標を達成する）支援を行うことがポイントです。教師の努力でなく，子どもの努力で目標を達成することを目指すのです。これが発達促進の基本だと理解して欲しいと思います。1時間の授業で適切な目標の設定と子ども自身の努力による目標達成を繰り返すことで子どもは発達，成長していくのです。

　次は地域の人に感謝される生活を設定する必要があります。これが中学部の生活単元学習の生活目標です。学校内だけの活動ではなく，地域に目を向け地域の人と共に歩む生活を確立する必要があります。地域の人を学校に呼んで，おもてなしの活動をし，喜んでもらうのもいいでしょう。老人ホームに慰問に出かけるのもいいでしょう。地域の公共施設や道路を清掃するのもいいでしょう。地域のさまざまなイベントに積極的に参加し，地域に協力，貢献するのもいいでしょう。とにかく，地域の人にしてもらう生活を考えるのではなく，地域の人に，自分たちが何かしてあげる生活を設定し，感謝される体験を積み重ねて欲しいと思います。

　小学部は学校で生き生きと活動し，輝く生活ができることが目標ですが，中学部は学校ではなく地域で生き生きと輝く生活ができることが目標になります。

　最後は自信の持てる生活です。子どもたちは，一日の生活の中で，自信の持てる活動をどれでけ行っているでしょうか。自信を持った生活ができてい

るでしょうか。先生方は子どもに課題を与え，それを遂行することに一生懸命で，子どもに，自信の持てる活動がどれだけあるのか，どのように自信の持てる活動を増やせばよいか，を考えることは，あまりしていないのではないかと思うのですがどうでしょうか。わたしは，これは生活上大変重要なことで，生活単元学習では特に重視しなければならない指導だと考えています。与えられた役割，課題を遂行し，周りの人から感謝されるよりも，自信のある役割，課題を，自信を持って遂行し，感謝される方が，より存在価値を高めるのは言うまでもありません。自信のある役割，課題であれば，意欲的に，主体的に一生懸命果たそうとします。自信がありますから，遂行の質も高まります。こういう活動を高く評価され，感謝されると，やってよかったという思いになりますし，次はもっとがんばろうという気になるはずです。こうして自分で自分の存在価値を高めていく，これが自然な生活であり，生活の質を高める生活です。自信のある活動を通して，自信の持てる成功体験を積み重ねていけば，質の高い主体的な生活ができるようになることは間違いありません。

　中学部の生活単元学習では，自信のある活動を増やすと共に，自信のある活動を役割，課題の遂行に生かすことを考えなければなりません。

　では，もう少し具体的にどういう授業改善が必要かについて述べてみます。

＊計画の段階から子ども主体で考える＊

　先生方は，学習計画を立てるとき，「こういう生活をさせたい」「こういう活動をさせたい」と自分の考え，思いを重視しようとします。そして，設定した生活の中で，個々に応じた課題を見つけ，遂行させることを考えます。これで，子どもが発達する授業になるでしょうか。授業は教師の思いを実現する場ではありません。子どもの思いを実現する場です。子どもを主体的に活動させる計画を立てるのではなく，子どもが自ら主体的に活動する計画を立てる必要があります。

　子どもが主体的に活動できるためには，子どもの能力や実態に応じた生活

が用意されているかどうかがポイントになります。まずは，子どもにとって見通しの持てる分かりやすい生活であるか，ゴールが見える生活であるかどうか，ゴールに向けて努力したい生活かどうか，を検討する必要があります。こういう生活が用意できれば，次は個々が主体的に活動できる，役割，課題を設定すればいいのです。

　授業のよさは学習計画で90％は決まると言われています。学習計画が子ども主体に考えられたものでなければ，いくら教材を準備しても，支援を一生懸命しても，子どもの主体性を引き出すことはできません。学習が始まったら，子どもたちが自ら活動を始め，進めていくことができる学習計画を目指すべきです。

　とにかく，教師の思いよりも，子どもの思いを生かす授業を展開して欲しいと思います。

＊自分の役割を自覚し，質の高い生活をする＊

　1時間の授業で，教師が子どもに対して目指さなければいけないことは，「子どもが自分の役割を自覚し，質の高い生活をすること」です。自分の役割を自覚するとは，自分の役割を意識して行動できることです。役割を果たす行動よりも，どういう意識で行動しているかが重要になります。自分の役割には取り組んでいるが，意識は低いということがよくあります。どうしてもやらなければいけない，これは自分の仕事だ，自分がやらなければみんなに迷惑をかける，などの意識がなければ，役割の質は向上しません。役割は，自ら質を向上させてこそ，発達にふさわしい行動が生まれ，質の高い生活ができるようになります。授業でねらって欲しいことは，役割を果たすことではありません。意識して役割を果たし，質の高い生活を実現することです。

　そういう意味においては，子どもにどういう役割を設定するかが重要なポイントになります。

＊自信を持って意欲的に役割を遂行する＊

役割を自信を持って意欲的に遂行できれば，間違いなく，他の生活にも応用，般化します。自信を持って意欲的に遂行できる子どもは，質の高い役割を果たすことができます。決して，最初からこういう行動を期待することはありません。役割を果たす活動を積み重ねるうちに，徐々に自信を持ち，意欲的に役割が果たせるようになればいいのです。そのためには，授業の評価が重要になります。「自分の役割を最後までよく果たしました。大変よくがんばりました」などといった評価をしていることがありますが，こういう評価では自信も意欲も生まれません。子ども自身が次に向けて目標が持てる適切な評価が必要です。ほめたり，励ましたりするだけでは子どもの意識は変わりません。子どもがほめられたことの意味が具体的に分かり，励ましが次に向けた改善を期待されたものであることを理解する，そういう評価が欲しいのです。

具体的には，教師は常に質に目を向けた評価を行い，子どもが常に質に注目して役割を果たすことができるようにするのです。もちろん質の低いところはその低さを指摘し改善を求めるのも重要です。質の高いところは，高く評価し，質の高さをさらに追求していくことを促すのです。こうした評価を続けていると，最終的には自信を持った意欲的な役割遂行ができるようになるのです。

＊達成感を味わう＊

生活単元学習は生活上の役割，課題を主体的に果たす学習ですが，役割，課題を果たしたという達成感がなければ，生活意欲にはつながりません。「大変だったけどがんばってよかった」「みんなに喜ばれてうれしかった」「もっとしたかった」「またしてみたい」などという感想を子どもたちから聞くことができれば，いい授業だったと言えます。クラスの子どもの大半が達成感を感じているのに，一部の子どもはそうでないことがあります。その原因を探ってみると，成功体験を味わっているかどうかの違いであることが分

かります。成功体験を味わわなかった子どもは，「させられる課題がほとんどだった」「自分がしたというよりは大半は先生にしてもらった」「自分にはできない役割，課題だった」「喜ばれたり，感謝されることがなかった」という感想を持っています。

授業では，どうしても役割，課題を果たすことのみに目が向きがちですが，目標はそこにあるのではなく，役割，課題を果たしてよかったと感じる体験をするところにあります。役割，課題を果たす体験が生活意欲を高めるのではありません。達成感が生活意欲を高めるのです。

自分の持てる力を発揮して，自分一人で役割，課題を果たし，周りの人から感謝される成功体験を積み重ねる生活単元学習が求められていると理解して欲しいと思います。

⑶　高等部の授業改善のポイント

高等部の授業で重視して欲しいことは次の３点です。

- ・地域生活，職業生活を実感できる体験
- ・自分の存在を実感する体験
- ・本物，本気の生活を実感する体験

高等部では地域生活や職業生活など，学校卒業後，成人として過ごす実際の生活を想定して生活単元学習を計画する必要があります。小学部や中学部のように学校を中心とした学習ではなく，地域や職場など学校外に学習の場を広げ，実社会で生活していく上で必要なさまざまな体験を積み重ねることが重要になります。

ただ体験するだけではなく，実生活に生きる体験をするのです。地域生活であれば，自分たちの力を生かして地域に貢献する学習をして欲しいのです。貢献するということは，前にも述べたように質の高さが問われます。誰もが認めてくれるような貢献を目指さなければなりません。

例えば，技能検定の喫茶サービスで1級を持った人が，地域のイベントに出かけ，お茶の接待をするとか，木工作業で身につけた技術を生かして，自分たちだけで公園に置くベンチを作るとか，清掃検定で1級に認定された人たちが，公園のトイレや公共の施設をきれいにするとか，布工作業で身につけたミシンの技術を生かしてエプロンを作り，職場で働いている先輩にプレゼントするとかなど，やれることはいくらでもあります。地域に積極的に出かけ，地域の人と共に活動するなど，地域の一員として自然なかかわりの中で貢献することの喜びを体験するのです。

　これは職業生活においても同様です。職業生活は学校卒業後の中心となる生活です。職業生活を身近に感じ，職業生活に生きがいを感じるような学習をする必要があります。

　ある学校で，職場の人に指導者になってもらって直接指導を受ける学習を積極的に取り入れたところ，職場は仕事をする大変なところだ，と思っていた子どもたちが，職場はやりがいのある楽しいところだという考えに変わったという話を聞きました。このような作業学習や現場実習では得られない職業生活を学ぶ学習を生活単元学習で取り上げると効果的です。学校に来てもらって仕事をすることだけを学ぶのではなく，職業人として生きていくための，さまざまな指導を受けることもいいですし，子どもたちが，実際に職場に出向いて，現場で直接指導を受けることもいいと思います。今まで先生たちが指導していたことを，その道の専門家にお願いして学ぶのです。先生が指導をするよりも間違いなく効果があります。これからは地域や職場の専門家を積極的に活用し，スムーズに職業生活に移行できるようにしていくことを考えなければなりません。とにかく，高等部では地域や職場を身近に感じる生活単元学習をして欲しいと思います。

　次に重視して欲しいのは，自分の存在を地域や職場で示し，自分の存在を実感する学習です。学校卒業後は地域生活や職業生活が中心になります。地域や職場で適応することができなければ，人生の質を高めることはできません。今までにあまり経験したことがない生活が始まるわけですから，それに

適応できる学習は，どうしてもしておく必要があります。

　具体的には，地域や職場で，感謝されることを実感する体験，貢献できることを実感する体験，高く評価されることを実感する体験をできるだけたくさん積み重ねるのです。これが，高等部での生活単元学習で重視しなければならない体験だと理解して欲しいと思います。こういう体験は中学部でも取り入れるべきですが，高等部では質の高さにポイントを置くことが必要です。感謝される体験を考えるのではなく，こういうことをすれば感謝されるだろう，という思いを持って活動計画を立て，実際に感謝される体験を積み重ねるのです。自分の思いを行動に移し，実際に思い通りになったとき，初めて子どもは自分の存在を意識し，存在価値を高めます。貢献や高い評価の実感についても同様です。自分がしっかりと意識できていることを行動に移し，貢献や高い評価を実感できる体験を積み重ねることで，自分自身の存在を高めていくのです。そういう意味では，高等部の学習計画は教師が考えるというよりは，子どもたち自身が発想し，それを教師も協力して共に学習計画を考え合い，目標の達成に向けて努力する学習を行うのです。

　どういう内容を体験するかは，地域の実情や子どもの実態などを考慮し，検討する必要があります。何よりも重要なのは子どもの発想と気付きです。

　例えば「○○公園は草がぼうぼうに生えて汚いので，整理して花壇を作り，花をいっぱい植え，みんなが楽しめる公園にしたい」という子どもの発想を生かし，地域の老人クラブの人にも参加してもらって，一緒に公園を整理した学校があります。花の提供は市役所の環境課に協力をお願いし，見違えるような，とてもきれいな公園に仕上げたのです。地域の人や市役所からも感謝されたことは言うまでもありません。マスコミにも取り上げられましたので，子どもたちの存在価値は一気に高まりました。

　最後は，本物，本気の生活を実感する体験です。高等部の生活単元学習では必ず取り入れなければならない学習です。

　これについては第2章でも述べましたが，能力や障害に応じて子どもたちなりの生活を体験させることがいいのではありません。地域生活や職業生活

に適応するためには，障害があっても地域や職場での本物の生活，本気の生活を体験しながら地域生活や職業生活の仕方を学ばなければなりません。本物の生活とは，先生や親がついていればできるとか，相手側の配慮や支援があればできることではありません。ごく自然で，当たり前の生活に適応できるための実体験を求めているのです。温室で適応できる子どもではなく，寒さにも，暑さにも適応できる子どもを社会に送り出すことを考えて欲しいのです。

　ある学校での現実性を重視した体験授業です。

　午前中の授業が終わり，いつものように給食を準備しようとした子どもたちに，先生が「今日は給食はありません。皆さんに500円ずつ渡しますので，昼食を準備してください」と告げました。近所にスーパーマーケットがありますので，すぐに，みんなそこに買い物に行くものと思っていたのですが，誰も動こうとしません。スーパーマーケットで買ってくるように伝えるとやっと行動し始めました。もちろん教師はついていきません。どんなものを買ってくるか楽しみに待っていたのですが，買ってきたのは，おにぎり1個とか，パン1個とか，惣菜のコロッケだけとかで，弁当を買ってくるものは8人中2人だけでした。お釣りもたくさん持って帰ってきました。実社会に出ればこういう場面に遭遇することはいくらでもあります。そういう場面に遭遇しても自分の力で対処できるようにしておくことは適応上大事なことです。どういう場面に遭遇するかはなかなか予測はできませんが，常に本物の生活を体験していれば，さまざまな課題に直面します。その時々の対処法を子どもと共に考え，解決していけばいいのです。そうすれば，次第に体験していないことでも，何とか解決できるようになるものです。

　こうした体験を一度しただけで，障害の重い子どもでもきちんと弁当を買ってくることができるようになった，と聞きました。

　本気の生活とは，真剣に考え，自ら適切な行動を取る生活を言います。この子どもたちは，真剣に考えて行動する体験が少ないように思います。真剣に考えて行動する学習があまり設定されていない，と言った方がいいのかも

しれません。真剣に考えて行動する体験がなければ，地域や職場で適切な行動を取るのはなかなかできません。適切な行動は教えれば身につくものではありません。自分で考えて身につけていくものです。真剣に考えることができれば自ずから身につけていくものです。教えられた適切な行動は教えられた場面でしか通用しませんが，真剣に考えた適切な行動はすべての場面で通用します。瞬時に反応しなければならない場面に遭遇すると固まって，全く行動できない子どもがよくいます。また，行動できても思い付きの行動で，適切な行動には程遠い子どもがいます。これは，間違いなく，真剣に考え行動することを体験できていない子どもたちです。こうした現状を考えると，不適切な行動を指摘し，適切な行動を教える学習ではなく，日ごろから，真剣に考えて，適切に行動する本気の生活を体験する必要があります。

　例えば，ある学校では，子どもたちに，学校から遠く離れた複合商業施設へ行って，それぞれが今必要としている買い物（鉛筆，靴下，運動靴，ハンカチ等）をしてくるよう課題設定をしました。何も考えずに行けば，何の課題もクリアできません。このとき，事前に真剣に考えて行動する学習を行ったのです。今必要としているものは何か？，乗り物は何に乗ればよいか？，時刻は？，運賃は？，買い物に必要なお金は？，など自分の力で考えた上で行動する学習です。子どもたちは指示されて行動することは慣れていますが，自分で考えて行動する体験がほとんどありません。当然，子どもたちに任せていては何もできません。先生は一人一人の実態に応じた支援をしながら子どもと一緒に考えました。すると，だんだんと自分で考えることに慣れてきたのか，ネットを使って時刻表を調べたり，運賃を計算したりする子どもが出てきました。それをみんなで共有し，何とか自分たちだけで，バスに乗ってお店に行き，予定した買い物をして帰ってくることができました。一人も脱落した子どもはいませんでした。子どもたち同士での助け合いがあったからこそです。すべてを自分でということも大事ですが，職業生活をしていく上では助け合いは欠かせません。何よりもよかったのは，助けてもらった人も，助けた人も，変わらず，喜びに満ちた顔で帰ってくることができたこと

です。単なる体験では喜びも自信も生まれません。こういう本物，本気の体験こそが重要であることが分かると思います。

この体験をした子どもたちは，家庭でも積極的に買い物に挑戦し，デパートに一人で行って買い物をしてきたという子どももいたと聞きました。

本物，本気で生活するとは，真剣に考えて行動する，ごく普通の当たり前の生活をするということです。

8 これからの作業学習

作業学習は就労実現のために行う学習ではありません。働くことを通して職業生活の質を高める学習です。人間性を高めていく学習と言ってもいいと思います。作業学習を作業をする学習ととらえれば，どんな作業をさせるか，どのように作業スキルをアップさせるかなど，どうしても作業することに焦点を当て指導を行うことになります。しかし，これでは職場で通用しないことは何度も述べました。職場で働くためには，作業ができるとか，スキルが高いことだけが重視されるのではありません。これらは職業生活を送る上で必要なごく一部の力でしかありません。職業生活は家庭生活，学校生活，地域生活を含めた生きる力，働く力を発揮する総合的な生活の場です。その総合的な生活の場に適応できる子どもを育てるのが作業学習です。

わたしは，作業学習は他の日常生活の指導や生活単元学習に比べても比較にならないくらい密度の濃い，幅広い指導を必要とする学習であると考えています。教師の資質が最も問われる学習です。先生方の中には，生活単元学習の指導が一番むずかしいと言う人がいますが，そうではありません。作業学習は，日常生活の指導と生活単元学習を含めた，より総合的な学習になるわけですから，生活単元学習を教えることができない先生には作業学習はむずかしいと言えます。生活単元学習で身につけた生きる力の上に，働く力を身につけ，職業生活の質を高めていかなければならない学習ですから，当然と言えば当然です。木工が得意だから，農業が得意だからと言って効果的な作業学習ができるわけではありません。もちろん，得意は重要な資質の一つ

ではありますが，何よりも重要なのは，個々に向き合い，現在の個々の生きる力，働く力の実態を把握し，どうしたら，それを高めていくことができるか，ということです。

いずれにしても，作業学習は学校卒業後を生き抜くための，人生の質を高めるための重要な総合的学習であることを理解しておいて欲しいと思います。そういう意味では，高等部の教育課程は，日常生活の指導や生活単元学習などを取り入れなくても作業学習だけでいいのではないかとも思ったりします。ただし，これは，作業学習がより高次な総合的学習であることを理解した上での話です。職場で働くためには，日常生活上のさまざまなソーシャルスキルを身につけておく必要がありますし，実生活を送る上での生活力も必要です。働く意欲や職業人としての適切な態度，マナー，応対，コミュニケーションなども必要です。もちろん，仕事で貢献するためのスキルも必要です。こうした幅広い内容を総合的に指導するのが作業学習であると考えて欲しいと思います。先生方が，こうした総合的な学習，指導ができるのであれば，日常生活の指導や生活単元学習は必要ないことになります。

まずは，作業学習を働く生活を学ぶ学習であると位置付ける必要があります。働いて収入を得る生活をするという，ごく当たり前の生活を確立することを目標に学習設定をすることができれば，作業学習を中心とした教育課程を編成し，展開する方が，かえって生きる力，働く力を高めることができると思うのです。

では，具体的にどういう内容をどのように指導すれば，より効果的かを考えてみたいと思います。

(1) スキルの向上

スキルの向上において，先生方はさまざまな道具や機械が使えるようになることを目指す傾向にありますが，そうではありません。作業学習はスキルアップの訓練や練習の場ではありません。金づちやのこぎりが使えるように指導をしたり，ミシンが使えるように練習したりすることに主眼を置くので

はなく，質の高い製品を作り，貢献を実感することに目的を置くべきです。質の高い製品作りを目標に取り組めば，自ずからスキルアップをしなければならないことに気付きます。スキルアップは，自らが考え努力して身につけることで働く力として機能する，と理解して欲しいのです。目的を取り違えれば働く力は育ちません。

　学校で身につけたスキルが実際に職場では通用しないという指摘がよくされます。それは，間違いなく，訓練や指導により身につけさせられたものだからです。通常の子どもであれば，それで通用することもありますが，この子どもたちはそうはいきません。意識，意欲が伴っていなければ，高いスキルも宝の持ち腐れになります。わたしは，実際にそういう子どもをたくさん見てきました。職場で通用するスキルとは，自分の持てるスキルを使って質の高い製品を作ることができることです。そうであってこそ貢献を実感できます。質の高い製品を作るために，自ら努力してスキルアップを図り，貢献を実感できれば，言うことありません。

　では，少し具体例を挙げて，スキルアップは何を目指し，どのように指導を行うべきか，について述べてみます。

＊自己評価＊

　自己評価ができるか，できないかは職場で作業する上でとても重要です。自分が行った作業が質の高いものであるかどうかが判断できなければ，いい仕事はできません。せっかくした作業が，質の低さでやり直しをしなければならないようでは，職場では通用しませんし，仕事をしたとも言えません。何よりも働く意欲が低下します。基本的には自己評価ができる子どもは，質の高い仕事ができます。失敗も少ないはずです。失敗しても判断ができますので，自分からやり直すことができます。もし，自分でやり直すことができない失敗ならば，そのままにしておくことなく上司に報告することができます。これが自分に任された仕事のはずです。こういう子どもを育てる作業学習を行うべきです。

では，どうすれば自己評価のできる子どもを育てることができるでしょうか。それは，自分が持っているスキルを生かして質の高い作業ができる体験を積み重ねることに尽きます。ことばをかえれば，貢献を実感する作業を積み重ねることです。そういう意味では，作業学習においては，できる，できないを目標にするのではなく，常に質の高さを目標に置き，その目標を達成するために努力することを求めていく指導が必要です。質の高い，よい製品を作ることを目標にすれば，出来栄えは自分で判断し，評価できるようになります。もちろん，子どもたちには，自分で質の高さを具体的に判断できるよう基準を示してあげる必要があります。「先生できました。見てください」など先生に判断してもらわなければならないようでは効果はありません。

　実際に作業学習を見ていると，子どもたちが少し作業をすれば，すぐに，「先生できました」と報告をしていることがよくあります。先生は，それに対して，「ここができていないから，もう少しがんばってみてください」などと指示を与えます。こうしたやり取りを何回か繰り返し，最後に先生から「よくできました。OK です」という評価をもらい，ようやく次の作業に移るのです。果たして，こういう対応が職場で通用するでしょうか。職場の方に言わせれば「職場ではあり得ない学習をしている。職場は自己評価が基本であり，自己評価できない子どもは職場では通用しない。例えば，失敗製品であるのにそのまま出荷していたらどうなるか。言うに及ばずである。自分に任された仕事は責任を持って，質の高い製品に仕上げることが職場での仕事である。職場では報告はいらない。自己評価をしながらどんどん仕事を進めて欲しい」ということでした。この職場の発言は，ごく当たり前のことではないでしょうか。こういうことを理解して，作業学習を組み立てて欲しいと思います。

＊対人的行動＊

　職業生活に必要なスキルは，作業に必要な身体的スキルだけではありません。対人的行動，すなわちソーシャルスキルも大変重要です。仕事はできて

もソーシャルスキルが身についていないために，職場の人に受け入れられず，退職に追い込まれる人はたくさんいます。一番多いのは，周りの人への配慮や気配りができないことです。なかなかにこの子どもたちにとってはむずかしい課題かもしれませんが，最低限のソーシャルスキルは身につけておかないと職場には適応できません。よく指摘されるのは，「会社に来ているお客さんの前を，あいさつもせず平気で通る」「先輩や上司にため口を使う」「おはようございます，こんにちは，ありがとうございます，よろしくお願いします，お疲れさまでした等のあいさつ，応対ができない」などです。これらは作業学習の場だけの問題ではなく，学校全体で意識して，すべての教師が模範を示して取り組まなければならないことです。中には，「トイレを汚しても後始末をしない」，「食事中にうろうろする」「食事をこぼしても拾おうとしない」「仕事が終わった後，掃除や後片付けができない」など基本的生活面での指摘も少なくありません。こうした基本的生活面での問題は周りにはなかなか受け入れられないことを知っておく必要がります。こうした基本的生活面の問題も作業学習の中で指導し，解決しておくべきです。

　作業学習を単に作業をする学習時間ととらえず，一日の働く生活づくりの学習と位置付け，幅広い内容を学習していく必要があります。

　例えば，一日作業学習を設定し，その日は朝学校へ来れば，作業班ごとに集合し，朝の会（職場での朝礼）を行い，作業に取り掛かり，昼食は作業班ごとにとるようにして，マナーなどのソーシャルスキルや昼休みの過ごし方などを学習するようにします。午後は，また作業に取り掛かり，終われば，作業班ごとに反省会（終わりの会）をして下校する。こういう働くことを中心とした一日の生活を経験しないと職場で通用するソーシャルスキルはなかなか身につくものではありません。一日の生活単位で作業学習を考えることも，これからは必要だと思います。

＊自らスキルアップする努力＊

　リネン会社に就職した，ある子どもは，仕事はコンスタントにできるので

すが，仕事のスキルとか，スピードは入社時と就労3年目を比べても，あまり変化はありません。作業量はほとんど変わりません。低下もしていないし，向上もしていません。現状維持が続いています。しかし，職場からは，「やや不満だ」という声を聞きました。

　一方，製パン工場に就職した，ある子どもは，最初は，物を洗ったり，運んだりの補助的な仕事をしていましたが，3年後に訪れてみると，立派な職人に変身していました。ことばが出なく，知的に重度な障害を持つ子どもだったのですが，てきぱきと仕事を処理していくスピードには感心させられました。こんな力がどこにあったのかと思い知らされました。同時に，就職した子どもには，みんなこうなって欲しいという願いを強く持ちました。職場の方に話を聞くと，「自分もパンを作りたいという気持ちが強かったことが，スキルアップにつながり，職人として立派な仕事ができるようになった」ということでした。障害が軽度とか重度とかは関係なく，いかにやりたいという意欲がスキルアップの向上に重要であるかを教えられました。

　この2つの事例からも分かるように，就職しても，目標を持って，意欲的に自らスキルアップを目指すことができる子どもを育てることが重要です。学校での作業学習では，スキルアップのためのさまざまな工夫が行われていますが，重要なのは自らスキルアップを目指す学習設定を考えることです。先にも紹介した福井県立嶺南西特別支援学校で行っている名人検定は，まさにそれをねらって設定されたものです。

　学校で指導を受け高いスキルを身につけた子どもが，職場でさらに上を目指して努力するかというと，実はそうでないことがほとんどです。自ら努力できるようになるためには，自ら努力する体験を積み重ねていないとできません。これからの作業学習は，先にも述べましたように質の高さを評価し，質の高さを目指して自ら努力できる子どもを育てなければならない，ということです。

(2) 働くための基本資質の確立

　この子どもたちが就職して，生きがいを持って，長く働くためには，どういう資質が求められているのでしょうか。高等部の先生方は，就労の実現に最も力を注いでいるようですが，職場で働くのは，生きがいのある生活を実現するためですから，就労できればいいというものではありません。就労維持ができなければ生きがいは生まれません。そういう意味では，働くための資質は，就労するための資質ではなく，就労を維持するための資質を考えることが重要になります。

　では，働くための基本資質とは何か，挙げればいくらでもありますが，ここでは，就労維持，生きがいをキーワードに最低限身につけておかなければならない基本資質について述べてみます。

＊自覚，責任感，目的意識＊

　職場で働くとはどういうことでしょうか。ただ仕事ができればよいかというと，そうではないことは誰でも分かります。ただ仕事ができればいいのであれば機械で十分です。人が仕事をするということは，意識の高い仕事をするということです。言われた仕事を黙々と淡々とするのをよしとする先生もいますが，いつまでも続くものではありません。決して就労維持にはつながりません。わたしが，長く，子どもたちの就労現場を見てきて，就労維持に重要だと思うことは，自覚，責任感，目的意識です。この３つがなければ仕事は成立しないし，就労維持もむずかしいと思っています。職場で働いていても，生きがいを持って働いていると言える状態ではない，と言えます。

　では，この３つは具体的にどういう力を身につけるべきか，について述べてみます。

① 自覚

　職場の人から，よく「この子どもたちは，働くことの意味，重要性を自覚していない」「職場は仕事だけをするところではない。和が大切である。対

人的行動に関する自覚に欠ける」などと言われることがあります。もう少し具体的に言うと，「人に迷惑をかけたらいけないということが分かっていない（例—自分のことは自分でする）」「働くルールが分かっていない（例—仕事中に手を休める）」「人の話を聞かない（例—話をしてもよそ見をしている）」「マナーが悪い（例—破れた作業着をいつまでも着ている）」「会社の規則が守れない（例—朝礼に遅刻する）」などです。

　これらを，すべてクリアするのはむずかしいかもしれませんが，こういう課題を理解して，改善するための指導は行う必要があります。

　ところで，自覚はどうすれば身につくのでしょうか。教えて分かるものではありません。自覚とは意識した行動を言います。意識した行動が取れるような学習設定が必要です。わたしが特に重視して欲しいと思うことは，「清潔な服装をする」「時間を守る」「自ら仕事の準備をする」「自ら仕事を始める」「休憩時間まで休まず仕事をする」「後片付け・掃除をきちんとする」の6点です。これを毎回，作業学習で徹底して欲しいと思います。すべて自ら行動できるようにするのが目標です。障害が重いからできないというものではありません。

　服装は作業室に入る前に自分で鏡を見てチェックします。作業時間が始まる5分前には作業室に入り，自分がする作業の準備をします。先生は一人一人に仕事の内容を説明しなくても自ら仕事が始められるようにします。休憩時間を必ず設定し，休憩時間の意味が分かるようにします。作業が終われば，仕事前と同じ状態になるよう後片付け，掃除をきちんとします。こういう指導を徹底していけば，基本的な行動については意識して行動できるようになります。何となく作業を始めて，なんとなく終わる作業をしていると，いつまでたっても自覚は育たないことを理解しておくべきです。

② 責任感

　仕事は自己責任が基本です。自分の行動，自分の判断，自分の仕事の結果はすべてに責任を持つ必要があります。このことは，子どもたちに言葉で説

明しても分かるはずがありません。では，具体的にどういう指導をすればよいでしょうか。

　仕事は自分で責任を持たなければいけないことを体験を通して学ぶのです。子どもたちの作業学習での様子を見ていると作業はしているが，責任を感じ，責任感を持って作業している子どもはあまりいないように感じます。なぜでしょうか。責任を持ってしなければいけないという作業設定ができていないからです。例えば，ある子どもに，リーダー役を設定すると，自分の仕事だけでなく，仲間にも気を配りながら仕事ができるようになりました。こういう責任を持って仕事をする必要のある体験を積極的に取り入れるのです。ある子どもには，「この仕事はあなたにしかできない重要な仕事です。よろしくお願いします」と声をかけただけで，丁寧な仕事ができるようになりました。こうした事例を考えると，責任感を育てるには，一人一人の子どもが，「これは自分にしかできない仕事である」と，自信を持って取り組めるようにする必要があります。また，リーダーや班長などの責任者を積極的に登用し，子どもたち同士で相談しながら，子どもたちだけで責任を持って作業をしていく仕組みをつくることも重要だと分かります。

　こうした体験を続けていると，自分の行動，自分の判断，自分の仕事の結果に責任が持てるようになります。とにかく，教師が責任者になるのではなく，常時，脇役に徹し，子どもたちにすべてを任せる作業学習を設定して欲しいと思います。

③　目的意識

　目的意識とは，ゴールに向かって努力しなければいけないという意識，意欲です。先生方はよく，「子どもたちに，もっと目的意識を持って，意欲的に作業に取り組んで欲しい」と言いますが，果たして，目的意識が持てるような，意欲的になれるような学習設定をしているでしょうか。学習設定のポイントは本時の作業のゴール（どんな作業を，どのように，どのくらい，どこまでするのか，目標は何か）を意識できるようにすることです。これは一

人一人について考える必要があります。子どもによってはイメージしにくい子どももいますので，見本を見せるとか，映像化するとか，画像で示すとかなどの工夫は必要です。とにかく，ゴールを意識できた上で作業を始める必要があります。ゴールよりも今やらなければいけない作業をすればよいという考えでは職場で通用する力は身につきません。何のために作業をしているのか分からず，とにかく言われた作業をこなせばよい，という作業では，我々でもそうですが，意欲は出ないし，意欲の持続もむずかしいことは言うまでもありません。意味や目的が分からない，ゴールが見えない作業はそんなに意欲的にできるものではありません。意味の分からないことを進んですることはできません。これは誰もに共通することです。この子たちは障害を持っているから仕方ないではなく，この子どもたちであっても，人間として生きるために必要な目的意識は，工夫に工夫を重ね，身につけていく必要があります。これが教育というものです。

　ゴールが分かり，それを目指して作業ができても，その結果得られる，例えば報酬などがなければ，意識も意欲も向上しません。どの学校でも，作業学習では販売活動を取り入れ，収益を活用する学習を設定しているのはそのためです。ゴールに向けて努力して取り組んだ結果，収益を上げることができた，よかった，と言える作業学習を展開して欲しいと思います。

　とにかく，作業学習は，常に個々に注目し，目的意識を持って作業ができているかどうかを確認しながら進めるべきです。目的意識を持つことができていないとするならば，作業をすることよりも，自分のしている作業の意味や目的意識を知るための学習を行うべきです。逆に，目的意識を持って作業をしている場合は，それを高く評価してあげると，子どもは，目的意識を持って作業をすることの大切さを，自ら理解できるようになります。

　一緒に作業をする仲間みんなで目的意識を共有することも大変重要であることも忘れないで欲しいと思います。

＊質の高さ＊

　最近は，多くの職場で，「一人で質の高い作業が一つでもできれば働く場所はある」と言われます。これが就労の条件であれば，能力や障害の程度にかかわらず，努力をすればすべての子どもに就労の可能性が広がります。昔と随分変わってきたなと思います。今は，量もさることながら質が求められていることを先生方はしっかりと理解して作業学習に取り組む必要があります。いくら仕事が早くても，質が劣るようでは通用しません。ある職場の方が「仕事が遅くても，質の高い仕事を失敗なくコンスタントにしてくれるのであれば，職場にとってプラスになる。検品をしなくていいし，仕事の計算ができる。質が高ければ，経験を積むうちに量も増えてくる。むしろ期待が持てる」と言われました。これは作業学習においても参考にする必要があるように思います。

　ところで，どういう指導をすれば，質の高い作業ができるようになるでしょうか。ただ作業課題を与えて，「やりなさい」では質の高い作業ができるようにならないことは言うまでもありません。質の高さは，集中力，注意力に比例します。質の高い作業ができるようにするためには，集中力，注意力を必要とする作業課題を設定する必要があるということです。例えば，集中力，注意力に欠ける子どもは，手作業よりも機械作業を課すと効果的です。機械作業は集中力，注意力がないとできない作業が多いからです。注意散漫な子どもに，ボール盤で穴あけ作業をさせると，作業時間中，ずっと集中して質の高い作業ができました。安全性を考えると，こんな子どもに機械作業などさせられない，という人もいます。でも，安全性に配慮しながら，実際にさせてみると，実は，この子にこんな力があったのかと驚かされることも多々あります。要は，集中力，注意力が元々ないのではなく，そういう力を発揮する場が提供されていなかったのではないか，と思うこともしばしばです。

　はっきり言って，集中力，注意力は指導や訓練により身につけようとするといつまでたっても身につきません。よく，「集中してやりなさい」「もっと

手元を見てやりなさい」などと指示をしている場面を見ますが，これで集中力や注意力が身につくことはありません。自分の意志による行動ではないからです。この子どもたちには「集中してやりなさい」「もっと手元を見てやりなさい」の指示は不要です。作業課題を遂行する中で，自分の意志で集中したり，手元を見たりするようになる指導をしてこそ，職場で通用する力が身につくのです。機械作業が効果的なのは，手作業と比べて単純で分かりやすい作業が多く，結果が出しやすいからです。自ら意志力を発揮し，作業に取り組める利点もあります。これが機械作業のねらいです。

　ある程度，集中力，注意力が身についている子どもであれば，さらに，スキルアップするために，機械作業でなく手作業（木工作業であれば磨き作業や組み立て等）をさせると効果的です。手作業は，自らの努力で集中力，注意力を発揮することが求められるからです。障害の重い子どもが磨き作業をし，障害の軽い子どもが機械作業をしていることが多いですが，これは逆です。障害の重い子どもが機械作業をし，障害の軽い子どもが磨き作業をすれば，それぞれの実態に合わせてスキルアップが図れます。個々の能力や実態に合わせて集中力，注意力を育てる作業課題を設定して欲しいと思います。

　勘違いしないで欲しいことは，集中力，注意力を身につけるための作業学習をしようというのではありません。集中力，注意力を必要とする作業課題を個々に設定することにより，自らが質の高い作業ができるようにしようとするものです。

＊働く意欲＊

　職場で働くために，何よりも必要なのは働く意欲です。これはどの職場でも資質の第1にあげます。「能力や障害に関係なく，この職場で働きたい，という子どもを採用したい。スキルだけで採用しても長続きはしないが，働く意欲がある子どもであれば，多少スキルが低くても，経験を重ねるうちに高いスキルを身につけることも多い」と言われる職場もあります。また，ある職場は「就労希望者には，本人と保護者，先生に，まず工場を見学させて

いる。そして，子どもに自分がしたいという仕事を見つけさせ，実習をさせるようにしている。自分がやりたい仕事をして，意欲を発揮できないのであれば，意欲的に仕事をするのはむずかしい。採用はできない」と言われました。能力やスキルの高さよりも働く意欲があってこそ，職場に貢献する仕事ができるということです。もちろん，働く意欲もスキルも高いことがよいのは言うまでもありません。

　では，学校の作業学習で，どのようにすれば働く意欲を育てることができるのでしょうか。重視して欲しいポイントを述べてみます。

①　自分がしたいと思っている作業を体験する

　これは職場の人が指摘したように，自分がしたいと思っている作業を積極的にさせ，意欲的に最後までやり通す体験を積み重ねることが重要です。作業学習に初めて取り組む子どもに体験させなければならない学習と言えます。また，作業学習を積み重ねているけどなかなか働く意欲が見られない子どもに対しても，試してみると効果的です。自分がしたいと思っている作業に意欲的に取り組める子どもであってこそ，やりたい仕事以外でのさまざまな作業課題にも意欲的に取り組めるようになるのです。ここで求めている意欲は，やりたい作業であればする意欲でなく，どんな作業であっても取り組む働く意欲です。

②　目標を持つ

　働く意欲がどれだけ持続できているかどうかは，子どもが目標を持って作業に取り組んでいるかどうかにかかっています。そのためには，目標は先生から与えられたものではなく，自分で考えた，自分で取り組まなければならないと意識できている目標でなければなりません。例えば「時間内に依頼のあった〇個の製品を完成しなければならない」，「規格に合った質の高い製品を作らなければならない」とか，共同作業であれば，「次の人に早く作業を回すことができるようにしなければならない」など，自分の作業の役割を理

解し，自分で目標を設定し，作業に取り組むことができるようになれば，職場で通用する働く意欲は徐々に生まれてきます。

③　自己評価ができる

　自分がした仕事を自分で評価できなければ働く意欲はできていません。しかも自分でする評価は常に肯定的なものであって欲しいと思います。「よくできた」「最後までやり遂げた」「がんばった」「自分で納得のいく仕事ができた」「失敗が全くなかった」などと自分のよさを意識できるものでなければ意欲にはなかなかつながりません。要は，自分で自分をほめることをできるようにするのです。こうした評価をしていると次第に自分の作業に自信を持つようになります。こうして生まれるのが，職場で通用する働く意欲です。さらに自分の評価が，先生や友達や部外者に認められたなら，一層，働く意欲が出るというものです。いずれにせよ，自分のした仕事は自分で，プラス面を中心に評価できる子どもを育てる必要があります。

④　休憩の利用

　作業学習中に休憩時間を設けているところはたくさんあります。しかし，その利用の仕方を学習しているところは，まずありません。学校教育の中で余暇の利用の仕方を学習しているところはあります。ただ，これは休みの日や昼休みなどの過ごし方が中心です。ここでいう休憩の利用は作業学習中での，作業と作業の合間の時間の過ごし方です。実際に休憩時間をとっていても，その過ごし方は，ほとんどが子ども任せで，休憩の在り方や，その意味について学習しているところは，まずないように思います。この休憩時間をどのように過ごすかで働く意欲が違ってくることを考えれば，今後は指導をしていく必要があります。

　先生方は，長時間続けての作業は疲れて，作業の効率も落ちるから途中で休憩をとる必要がある，と考えているはずです。しかし，実際に，作業の効率が上がるような指導がされているかというと，そうではありません。わた

しが見せてもらった作業学習では，休憩前と休憩後を比較しても，休憩後の作業効率が落ちている場合がほとんどです。本来ならば，休憩後は作業効率が上がらないにしても，休憩前と変わらない状態を維持することが必要ですが，そうでないとするならば，働く意欲が低下していると考えなければなりません。職場は，学校と比べて作業する時間は比べ物にならないくらい長いです。学校で作業効率が落ちているとすれば，職場では，間違いなくもっと落ちるはずです。現場実習などで，時計ばかり見ている子どもがよくいますが，これなどは休憩時間を有効に活用できていないことが原因であると考えるべきです。

　是非，子どもたちには，休憩時間の意味，活用法を作業学習を通して教えて欲しいと思います。そして，休憩後も休憩前と同じような作業ができるように指導をして欲しいと思います。飲み物を飲んだり，外の空気を吸ったり，じっとして体を休めたり，個々に応じて，適切な過ごし方を教え，充実した活気に満ちた作業学習になるようにして欲しいと思います。

＊態度・マナー＊

　職業生活を送る上で態度・マナーは大変重要で，これが確立できていなければ，職場に適応するのはむずかしいと言えます。

　では，どういう態度・マナーを身につける必要があるのか，これだけは身につけておくべきである，という内容と，その指導法について述べてみます。

①　あいさつ

　あいさつは，学校ではかなり重視して指導をしているはずですが，なぜ職場で通用しないのでしょうか。あいさつは教え，指導してできるようになるものではありません。教室であいさつを教えれば，教室ではできますが，教室外でできるかというと，そうではありません。これがこの子どもたちの特性です。外に出ると周りの人も違いますし，環境も，雰囲気も違います。この子どもたちは，決められた，限定された環境の中で教えられ，指導された

ことを学校外で般化させることはなかなかにむずかしいのです。では，教えなくていいのか，指導しなくていいのか，ということになりますが，そうではありません。教室で教えたり，指導したりするだけでなく，教室外で般化する学習に取り組んで欲しいのです。

　あいさつは，することに意味があるのではありません。できればいいのでもありません。コミュニケーションの一つであるという考えを持つ必要があります。あいさつは，お互いが打ち解け合って心を通わす手段でもあります。コミュニケーションの一つであるからこそ，生活はあいさつに始まり，あいさつに終わると言われているのです。

　職場に通用するあいさつを身につけようとするならば，あいさつがコミュニケーションの一つになるような体験をさせることが必要です。型にはまった体験ではなく，自然な生活の中での体験です。

　ある学校では，校長先生をはじめ，すべての教職員と子どもたちが，お互いが廊下ですれ違うたびに「おつかれさまです」「ごくろうさまです」と声をかけ合っていました。これが生活の中での自然なあいさつです。できなかったからと言って教えたり，指導している先生は誰もいません。今はできなくても，声をかけられている体験をするうちに，あいさつすることが当たり前のこととして生活の中に定着していく，という考えを持っているのです。現に，声をかけても，全く反応しなかった子どもが，徐々に心を開き，立派なあいさつができるようになった例も多いと聞きました。こうした学校をあげての取り組みが，コミュニケーションとして機能するあいさつを身につけるのです。

②　時間の理解

　職場は，時間を守るということをかなり重視しています。職場から「時間を守れない人に質の高い仕事は期待できない」「時間を守れない人は生活面で問題があることが多い」と言われたことがあります。

　ところで，作業学習で，どれだけ時間の理解について学習しているでしょ

うか。あまり意識して取り組んでいるように思えないのですが，どうでしょうか。作業学習の開始時刻に遅れた子どもに対して，時間を守るように注意はしていますが，時間を意識して行動することについての学習はされていないのではないでしょうか。時間を意識して行動できることが，職業生活で求められている時間の理解です。

　では，時間を意識して行動できるようにするためには，作業学習でどういう指導をすればよいでしょうか。時間の意識は，ややもすると，始業時刻だけが強調されることが多いですが，時間内に予定されていた作業が終わること，休憩時間を理解して行動すること，午後の始業に遅れないようにすること，終了時刻を守ることも大事です。少なくとも，こうした時間の理解については，意識して行動できるようにすることが職場に適応するためには欠かせません。具体的には，「作業学習開始の5分前には必ず作業室に入り，作業の準備をする」「休憩時間には，最初にトイレを済ませる」「時計を見る習慣をつける」「昼休みは遠くに行かない」「終了時間まで精いっぱい働く」などの指導を行い，時間を意識して行動できるようにして欲しいと思います。

③　整理整頓

　学校の作業学習を見学した，ある職場の人が「これほど整理整頓ができていない作業場は職場ではあり得ない。これで子どもたちは，自分で必要な物を準備できるのか。何よりも安全性に問題がある」と厳しく指摘しました。「作業室が整理整頓されていないと，作業の質も落ち，作業も雑になる。けがをすることも多い」「整理整頓ができていないと無駄な作業が多くなる」という人もいました。こうした職場の人の指摘を聞いた上で，さまざまな作業学習の授業を見せてもらうと，まさにその通りだということが分かります。

　整理整頓は作業をスムーズに行うための基本的環境です。整理整頓ができていない環境では，子どもの主体性は生まれませんし，見通しを持って作業をすることも期待できません。

　では，どのように整理整頓をすればよいのでしょうか。何と言っても子ど

もたちにとって，何がどこにあるのかが即座に見て分かる，というのが第1です。次は，どこにどのように整理整頓すれば，子どもが無駄なく，見通しを持って行動できるかを考えます。さらには必要な道具や材料を短時間で準備することができる環境設定も重要です。

　とにかく，子どもが作業室に入ったら，気持ちが引き締まるような，きちんと整理整頓された環境を準備することが肝要です。こうした環境であれば，作業が終われば自ずから，始める前と同じ状態にしようとするはずです。整理整頓された環境であるからこそ，誰もが使いやすい環境の必要性を学ぶことができるのです。

　実際に，愛媛大学教育学部附属特別支援学校の木工作業では，こうした環境を整えることで，子どもたちの作業に取り組む意欲，主体性，作業の質を見事に変化させました。整理整頓することが当たり前になることで，仲間同士のコミュニケーションも向上しました。どの作業においても大切にすべきことだと思います。

④　身だしなみ

　身だしなみで，職場の人からよく指摘されるのは「作業服が汚れていても平気である。洗濯をしようとしない」「作業服が破れたり，ボタンが取れていても気が付かない」「下着が見えたり，ボタンが互い違いになっていても平気である」など服装に関することや，「髪をとかしていない」「髭や鼻毛が伸びている」「鼻が出ても拭こうとしない」「ハンカチやちり紙を持っていない」など清潔に関することが多いです。これらは障害があるからと言って大目に見てもらえるというものではありません。職場で働く上で必要なことというよりは生活していく上で当たり前に身につけておかなければならないことばかりです。

　これらの指摘に対して，先生方は「学校では問題ないのに，どうしてだろうか」と疑問に思う人もいるようですが，学校での様子を見てみると，実は，ほとんどが，周りの先生方が注意したり，指示したりして直させていること

が分かります。職場ではこういうことはあり得ません。注意したり，指示したりすることさえはばかられます。職場で指導する内容ではないからです。身につけて就職しているのが当然と思っています。

　では，学校でどういう指導をすべきでしょうか。指示や注意は一時的に効果はありますが，はっきり言って，こうした対応で定着することはあり得ません。むしろ，指示され，注意されたら直すことが定着します。これは何度も述べてきましたが，意識をどう育てるかの問題です。指導は大変ですが，自分で気付いて改善する体験を，とにかく繰り返すのです。自分で気付くことが意識の改善になります。作業室に入る前には，必ず鏡を見て，自分で服装をチェックさせている学校があります。こうした対応をしっかりすることで意識が育つのです。

⑤　食事マナー

　食事マナーで，職場から指摘されることはあまりありません。余程のことがないと，指摘しにくいこともあるかもしれません。ただ，食堂でみんなと一緒に食事をするときのマナーで改善して欲しい，と注意を受けたことがいくつかあります。「食事中にうろうろする」「騒がしい」「行儀が悪い」「食べ物をこぼしても拾わない」「口いっぱいにほおばり，しゃべる」「使ったコップの後片付けができない」などです。高等部になると，職業生活のことを考えて家庭でも学校でも食事マナーの指導はする必要があります。問題点を注意をして行動を改善するのではなく，周りの人に不快な思いをさせないという，人との関係性を重視し，自ら行動を改善する学習をするのです。学校の仲間だけでなく，例えば，地域の人を招いての食事会などを積極的に開くことも効果的です。

⑥　話す・聞く態度

　話す・聞く態度は，職場から指摘されることがたくさんあります。「分からないときに聞くことができない」「失敗しても報告がない」「人に話をする

ときに，いきなり用件を話そうとする。失礼します，ありがとうございます，がない」「相手の目を見て話そうとしない」「もじもじしながら話し，姿勢が悪い」「仕事を頼んだとき，はい，分かりました，などの意思表示がない」「よそ見しながら話を聞いている」などです。

　通常の高等学校であれば，先輩，後輩，先生や保護者，また外部の人などに接する機会が多く，こうした話す・聞く態度は学校生活の中できちんと身につけることができます。部活動等で先輩との関係の中で学ぶこともたくさんあります。しかし，この子どもたちは，そういう体験がほとんどありません。学校内では先輩も後輩もなく，みんなが仲良く楽しく活動していることが多く，また，それを強く求めている教師もいます。もう少し，先輩，後輩の関係を大切にし，後輩は先輩に学び，先輩は後輩に教えるといった，関係性を重視した体験を取り入れるべきだと思います。話す・聞く態度は教えたり，注意したりしてできるようになるか，というと，そうではありません。話す・聞く態度を授業で取り上げ，練習をしていることもありますが，こうしたことで身につくものでもありません。先輩と後輩や年上と年下，教師と生徒の関係性を日々の生活で意識する中で，それぞれの立場に応じた，話す・聞く態度を自然に身につけていって欲しいと思います。そうであってこそ職場で通用する話す・聞く態度が身につくのです。

⑦　一生懸命さ・素直さ

　これは，わたしが実際にかかわり，就労した人たちを追跡調査してみて分かったことですが，長く勤めることができている人に共通する資質は何かというと，意外にも一生懸命さと素直さでした。職場の人からは「不器用で仕事はあまり早くないけど，一生懸命しているところに好感が持てる」「どんな仕事でも嫌な顔をしたことがない」「仕事への取り掛かりが早い」「いつもニコニコして表情が明るく素直である」「仕事に波がなく，ほぼ一定量の仕事をこなすことができる」など，障害を持っているということよりも，職業人として大事な一生懸命さや素直さが肯定的に評価されているのです。こう

いう人たちは，みんな職場の人に好かれ，職場で働く一人として信頼されています。こうした環境で仕事ができれば，彼らにとってもやりがいを感じます。みんなが積極的に働きかけをしてくれますから，コミュニケーション力も高まりますし，何よりも，毎日，職場に出勤するのが楽しくなります。出勤時刻がいつも一番である，と言われている人もいます。この子どもたちだって，こういう質の高い職業生活が送れるのです。まさに，一生懸命さと素直さがそれを支えている，と言えます。一生懸命さと素直さは，職場の人に育てられ，自分も育っていく職業生活が送れるようになるための重要な条件だと強く感じます。

一生懸命さと素直さは障害があっても，障害がない人以上に身につけることができることを知っておいて欲しいと思います。障害があっても，身につけることができることは，しっかりと身につけて職場に送り出していくこと，これは，学校教育に求められている重要な課題でもある，と思うのです。

では，一生懸命さや素直さは，どのようにすれば身につくのでしょうか。

決して特別な指導が必要なのではありません。わたしは，これは，純粋無垢なこの子どもたちが本来持ち合わせている特別なものだと思っています。そうであるならば，どのように指導していくかではなく，本来持っているものを，どのように引き出していくかを考えるべきです。子どもは，自分にできることには一生懸命取り組みます。自分を認めてくれ，本気で接してくれれば，何でも素直にがんばろうとします。一方，自分にできないことには一生懸命さを発揮するのは，余程意志力が強くなければ，なかなかむずかしいです。いつも指示され，注意され，叱られていたら，元々持っていた素直さも失われていきます。これは通常の子どもも同様です。一生懸命さや素直さは指導者の対応次第で変わってくることが多いのです。一生懸命さや素直さがないと言うならば，それは子どもに問題があるのではなく，指導者の対応に問題があると考えて欲しいと思います。こうした姿勢，気持ちで子どもと接すると一生懸命さや素直さが徐々に復活してきます。是非試してみてください。

第4章

新学習指導要領を取り入れた キャリア教育の実践

　新学習指導要領は学校現場に何を求めているのか。これは，もうすでに1章から3章にわたって述べてきた教育を実践に移していくことだと言えます。具体的には，以下の5点を重視した教育が求められています。

・地域社会に密接にかかわる学習活動の展開

・主体的・対話的な深い学び

・キャリア教育の一層の充実

・連続性・一貫性の重視

・教育評価の活用

　この章では，これらの5点についての具体的な指導法を提示しながら，これからの教育実践の在り方について述べてみたいと思います。

1 地域社会に密接にかかわる学習活動の展開

　この子どもたちは将来は地域で働き，生活することになります。いや，どうしても地域で働き，生活できるようにしなければなりません。地域社会の一員として地域で働き，生活をしなければ人生の質を高めることはできないからです。ところが今までの教育は，分離教育が中心で，地域と共存する教育，地域で存在感を示す教育はあまり行われていませんでした。とは言え，この子どもたちにとっては，分離教育はそれなりに意味があり，効果的なところもたくさんありました。何と言っても個々の能力や実態に応じて専門的な教育を行うことで，一人一人の発達を最大限伸ばす役割を担ってきました。ところが，個々として成長した子どもたちが，学校卒業後，質の高い人生が送れているかとなると，そうでない現実を突き付けられています。分離教育は個々の能力を最大限生かし，発達を促すことでは貢献してきましたが，そ

れだけで，地域や職場で適応できるかというと，そうではないことも分かってきました。

　個々として成長，発達はしてきたが，それが地域や職場で適応できない原因はどこにあるのでしょうか。特別支援学校という限定された社会の中での生活が中心だったことが問題だったのです。もちろん，地域や職場に目を向けた教育も行っていたことは確かです。しかし，残念ながら，それは地域社会に根を下ろす教育ではなく，学校社会を中心としながら地域社会を体験するというもので，地域社会に適応することを目指す教育活動ではありませんでした。

　これを改善しようとするのが，これからの教育です。地域社会を重要な，当たり前の学習の場と位置付け，地域の人たちとのかかわりを深めていく教育を目指すのです。地域社会の課題や役割を年齢に応じて遂行しながら，地域社会の中で成長，発達し，地域社会に自然に溶け込み適応する姿を描いているのです。

　では，地域社会に密接にかかわる学習活動の展開は具体的にどのように行えばよいでしょうか。小学部，中学部，高等部に分けて，それぞれで重視して欲しい学習活動についてまとめてみたいと思います。

(1)　小学部の学習活動

　社会にはいろいろな社会があります。最小単位の社会が家庭です。次が学校という社会です。そして地域社会，働く社会へと続きます。目標とする地域社会や働く社会に適応するためには，まずは家庭社会や学校社会に適応する必要があります。小学部で行わなければならないことは，この家庭社会，学校社会に適応するための学習活動です。

　小学部で最初に取り組んで欲しいのは，家庭社会への適応です。社会とは人と人との関係を通して，所属する社会の中で自分の存在価値を高め自分自身を発達・成長させていく過程です。まずは，家庭という最小単位の社会で，家族の一員として存在を示す必要があります。そのためには，家族みんなと

かかわりながら「自分のことは自分でする」「家族の一員としての役割を果たす」「家族の重要な一員になる」の3つの課題をクリアしなければなりません。

これができるようになると，次は学校生活への適応です。最初は学級への適応です。学級という社会の中で，友達とのかかわりを強めながら「自分のことは自分でする」「学級の役割を，友達と協力して果たす」「クラスのきまりを守る」という3つの課題をクリアすることを目指します。

さらには，学校という社会で，中学部や高等部のお兄さんやお姉さんとのかかわりを通して，「お兄さんやお姉さんの指示に従ったり，教えてもらったりすることができる」「学校行事等で集団に適応できる」「学校としてのきまり，規則を守ることができる」の3つの課題をクリアするのです。

小学部で，家庭や学校を中心とした，こうした課題や役割がクリアできていると，中学部での地域社会に適応する取り組みが，スムーズに効果的に進められるのです。

(2) 中学部の学習活動

中学部では地域社会に適応することを目指します。地域で存在価値を高める学習活動を積極的に取り入れるのです。地域社会と言っても幅が広いですので，学校周辺の地域を対象に考えます。地域で存在価値を高めるための学習活動ですから，子どもたちが主役となり，地域の人たちを巻き込む形での活動が中心になります。地域の人たちに何かをしてもらうのでなく，子どもたちが地域の人たちのために何かをするのです。

例えば，愛媛大学教育学部附属特別支援学校では，近隣の幼稚園児を招いて，さまざまなゲームを楽しんでもらう生活単元学習に取り組んでいます。体育館いっぱいを使って，子どもたちが中心となって考え，企画し，手作りしたさまざまなゲームコーナーを用意し，一人一人がそれぞれのゲームの責任者になり，幼稚園児に精いっぱい楽しんでもらおうという取り組みです。先生たちはゲームコーナーにはタッチせず，幼稚園児側について盛り上げ役

をしています。幼稚園児に指示したり，説明をするのはすべて子どもたちです。

　授業は幼稚園児の会場への入場からスタートです。幼稚園児が体育館に入ると「ウワー」と歓声を上げます。それもそのはずです。体育館の入り口には「わくわくパーク」と書かれた大きなアーチがあり，色とりどりの７つもの楽しいゲームコーナーが用意されているのです。まさに「わくわくパーク」にふさわしい環境設定です。子どもたちはそれぞれの役割を生き生きとこなし，ゲームができにくい幼稚園児にはさりげなく支援をしたり，励ましたりすることも忘れません。幼稚園児たちもあちこちで歓声を上げながらゲームに興じています。子どもたちも幼稚園児たちも一体となって共に楽しんでいるという雰囲気があります。これこそが地域で社会を学ぶ学習活動です。

　ゲームが終わった後，幼稚園児たちが，「楽しかった」と口々に発しながら帰る姿を見送る子どもたちの満足しきった表情を見ていると，この学習を通して子どもたちは地域に溶け込むために必要な多くのことを学んだと思いました。ゲームをすることに意味があるのではなく，お互いが満足し合い，感動し合い，よかったと思い合う体験を積み重ねることが，地域社会で生きる力を育むと感じました。

　もう一例紹介したいのは福井県立嶺南西特別支援学校の生活単元学習「太鼓祭りをしよう」です。中学部の子どもたちが，お世話になっている地域の人を招き，和太鼓を演奏しておもてなしをし，感謝の気持ちを伝えよう，という取り組みです。子どもたちが和太鼓に興味を持っていたことが，取り組みのきっかけだったようですが，実は学校には和太鼓は一つもありません。教えることのできる先生もいません。しかし，子どもの発想を大切にし，何とかやり遂げたいという思いから，先生は地域の人に協力を求めることにしたのです。実はこれが地域社会での社会を学ぶ活動です。

　先生が地域の専門家にアプローチしたところ，和太鼓を学校に持参して，教えてくれることになりました。専門家の指導を受けながら和太鼓の演奏ができるようになるのですから，子どもたちも緊張しながら，真剣に学ばざる

を得ません。わたしも，実際に指導を受けている場面を見せてもらいましたが，先生とする普段の学習の態度とは全く違っていました。姿勢はよく，目は真剣，返事は大きく，行動はきびきびしています。こういう状態であれば，上達も早いというものです。専門家にほめてもらえるよう自ら練習を始めたと聞きました。

　いよいよ，当日の本番を迎えました。わたしも参加させてもらいましたが，専門家に習い，専門家からOKをもらった自信からでしょうか，子どもたちの堂々とした態度には感心させられました。地域の人も拍手喝采でした。

　専門家から本物を習い，本物をお客さんに提供し，喜んでもらう，こういう体験こそが，地域社会で生きていくための大切な学習活動になるのです。

(3)　高等部の学習活動

　高等部では働く社会に適応することを目指します。働く活動を通して，社会での存在価値を高めていくのです。学校卒業後は，働く場所や活動内容は違いますが，みんな働くことを中心とした生活を送ることになります。働く社会に適応することは，職場に適応することではありません。学校卒業後の生活は働くことが中心になりますが，それだけではありません。働く以外に家庭生活がありますし，地域生活もあります。職業生活への適応だけを考えていたのでは社会生活は成り立ちません。働く社会とは働くことを中心とした1日の生活，1週間の生活，1カ月の生活，1年の生活に適応する社会ということです。学校卒業後の質の高い社会生活を確立する，すなわち職業生活，地域生活，家庭生活を含む総合的で機能的な社会生活を確立することを目指しているのです。従って，高等部では職業生活を中心にしながら，地域生活，家庭生活を含む質の高い，生きがいのある生活を確立する学習活動を行う必要があるのです。もっと具体的に言うと，作業学習を中心としてすべての学習（日常生活の指導，生活単元学習，教科等）を含む総合的な学習を設定し，働く社会への適応を考えなければなけらないのです。

　働く社会と密接にかかわる学習を通して，生きる力，働く力の質を高めて

いく学習活動が，これからの高等部教育に求められている，と考えて欲しいと思います。

　例えば，職場の専門家に直接指導を受けながら作業学習を行うのもいいのではないでしょうか。本物に触れて，働くことの意味を学ぶのには大変効果的だと思います。

　愛媛大学教育学部附属特別支援学校のチームクリーンでは地域に貢献する仕事をしたいと，洗車に取り組むことにしました。今まで全く経験したことのない仕事でしたが，小学部の子どもたちが利用しているスクールバスや地域交流をしている幼稚園のスクールバスをきれいに清掃してあげたいという思いから，本格的に清掃技術の習得に向け取り組みました。やる以上は，プロに負けない技術を身につけ，立派な清掃を行い，喜んでもらう必要があります。それには，当然ながら，プロから直接指導を受けるのが効果的であることは言うまでもありません。自動車メーカーのホンダの社員に来てもらって，本物，本気の洗車の仕方の指導を受け，職場でも十分通用する洗車技術を身につけた上で，スクールバスの清掃を行ったのです。子どもたちが貢献を実感したことは言うまでもありません。

　高等部では，プロに習うだけでなく，その技術を生かして，地域に貢献する，こうした学習を積極的に取り入れていく必要があります。こういう活動が働く社会に適応する力を身につけるのです。

２ 主体的・対話的な深い学び

　子どもたちの脳を活性化させ，発達を確実に促進するためには，させる学習や学ばせる学習では効果がないことは言うまでもありません。主体的にできることが生きる力を育てることについては先にも述べました。

　これからの学びは，子どもたちが主体的に考え，判断し，行動する力を身につけなければなりません。そのためには教師はどうすべきか，今までのように教えることを考えるのではなく，子どもたちが主体的に考え，判断し，行動できるための支援（環境設定，教材・教具，適切な評価等）を具体的に

示す必要があります。

　子ども同士の関係性を高めることを忘れてはなりません。今までの教育は，子どもと教師の関係性に重きを置いた，子どもにとっては受動的な関係性の学びが多かったのですが，これからは子ども同士が力を合わせ，協力し合って主体的に学び合う，能動的な関係性に重点を置く必要があります。教師と子どもの関係性による主体性よりも，子ども同士の関係性による主体性が，より生きる力につながる主体性になるからです。そのためには，もっと，子ども同士で話し合い，考え合い，助け合い，支援し合う学習場面を積極的に取り入れ，子どもたち同士で，主体的に行動を起こし，課題を解決していく体験を積み重ねなければなりません。

　では，具体的にどういう学習をしていけばよいか，小学部，中学部，高等部別に考えてみたいと思います。

(1)　小学部の学習

　小学部の指導目標は先にも述べたように「身近な人とかかわりながら，主体的に質の高い日常生活を送ることができる」です。小学部は発達が未熟なことが多く，どうしてもできることを増やしたり，スキルを高めることに目が向きがちです。そして，それらを高めるために，個別指導を行う傾向にあります。まずは，こうした指導を改めるべきだと思います。もちろん，できることを増やしたり，スキルを高めることも重要ですが，それは人とのかかわりの中で，周りの人を意識しながらの指導でないと，生きる力に結び付かないことは，何度も述べてきたとおりです。具体的には，例えば「友達がしているから自分もしなければならない」という意識が持てるとか，できている子どもが，できていない子どもに働きかけをして，活動を促すとか，などの対応，支援が必要になります。できることやスキルに焦点を当てる前に，人との関係性を大切にした対話的な環境をつくり出し，主体的に行動する，という社会の基本を学ぶことに力を入れるのです。

　小学部は，学校での登校から下校までの日常生活を，先生とではなく，友

達とかかわりながら主体的に活動できるようにします。もっと，具体的に言えば，登校したら，先生に手を引かれ，指示されながら，靴をげた箱に入れ，教室に入るのではなく，自分一人で，また友達と一緒に，あるいは友達の支援を受けながら主体的に行動できるようにするのです。教室へ入ってからの，着替えや後片付けなどの朝の準備も，昼食時も，帰りの準備も，一日の学校での基本的生活すべてが，友達とかかわりながら主体的に行動できるようにします。もちろん，小学部で行うさまざまな学習においても，主体性や人とのかかわりは重視すべきですが，これは，基本的な生活がどれだけ主体的にできているかによって，学習への取り入れ方が違ってきます。まずは，登校から下校までの基本的な生活が主体的に行動できるようにすることが，日常生活の質を高めることになることを理解しておいて欲しいと思います。

実際の指導で何よりも重要なのは，教師とのかかわりを少なくし，子どもたち同士で課題を解決しながら主体的に活動できる学習を増やすことです。

こういう授業をして欲しいという一例を挙げてみます。

福井県立嶺南西特別支援学校では小学部４，５，６年生の６名が年間を通して「お店屋さんをしよう」という学習に取り組んでいます。

パフェやカレーやおにぎりなどのお店を開いています。お客さんは中学部の子どもたちです。トッピングの種類など，お客さんの要求に応じて，その場で作り，お店で食べてもらっています。販売ですから無料ではありません。料金をもらうからにはいい加減な物を作るわけにはいきません。本物に近いものを出すことを目指して取り組んでいます。作るのはあくまで子どもたちで，教師はほとんどタッチしていません。タッチしなくていいように工夫がされているのです。

ここでは，わたしが実際に見せてもらった「パフェ屋さん」と「おにぎり屋さん」の授業を少し紹介します。

＊「パフェ屋さん」の事例＊

授業を担当する教師は２人です。２校時続きの授業です。

調理室では２人の先生がエプロン，三角巾などきちんとした服装をして子どもたちを待っています。子どもたちは，個々それぞれに調理室にやってきますが，入り口で姿勢を正して，きちんとあいさつができます。最後にやってきた子どもは「遅くなってすみません」と言って入ってくるのです。この間，先生は一言も無駄なことばは発しませんし，指示もありません。ただ笑顔で子どもたちを迎えているのです。そうすると，子どもたちは，自ら，エプロンや三角巾の準備を始めました。先生は，こうした行動にも目を向けませんし，全くかかわりません。学習に必要な準備をしています。ごく自然な，当たり前の生活感のある雰囲気という感じです。子どもの中には，当然ながら，エプロンや三角巾がうまくできない子どももいます。それでも先生はかかわろうとしません。子どもたち同士で，協力し合うことを求めています。できる子どもが，できていない子どもの支援をしたりして，スムーズに全員の準備が整いました。

　ここでようやく，先生が，「今日はおいしいパフェを作って，お客さんに喜んでもらいましょう」と声をかけました。みんなは自分の役割が分かっているようで，大きな声で返事をしました。その後は３人ずつの２班に分かれて準備に取り掛かりました。１つはスポンジケーキを作ったり，トッピングするバナナなどの果物を切ったりする班です。もう１つは，別の部屋に移動し，部屋にテーブルを並べたり，喫茶店のように飾りつけをしたりする班です。これらの準備の時間が約40分です。それぞれの班共に，先生の指示や支援を受けることは全くありません。できないことがあっても子ども同士で解決することが基本になっています。

　両班の準備ができると，いよいよ開店です。６名の子どもは一人一人に重要な役割があり，それぞれが流れ作業で役割を確実に果たせば，おいしいパフェができるように設定されています。６人の役割は以下の通りです。

・受付（客より注文書を受け取り，席札を渡す）
・カップにコーンフレークとヨーグルトを入れる

- お客さんの注文書を見ながら，スポンジ（2種類）とヨーグルトを入れる
- トッピング（注文書を見てお客さんが希望する果物を入れる）
- トッピング（注文書を見てお客さんが希望するチョコソースをかける）
- 接客・店長（注文通りのパフェができているかチェックし，注文番号を合わせてお客さんに渡す）

　子どもたちだけで運営できるような環境設定になっています。教師の役割は音楽を流したり，目立たないように裏側で見守ることです。次々入ってくるお客さんの注文に合わせて，お客さんの目の前でパフェを作り，対応するのですから適度の緊張感もあります。接客・店長役の，仕上がり具合の確認チェックがなかなか厳しく，作り直しが何度かありました。お客さんのことを考えて，よいものを出さなければという姿勢は，これからの地域生活に必要なことであり，感心しました。お客さんが「おいしかった」と言ってくれたときのうれしそうな顔は自信に満ちていました。人とかかわりながらの成功体験であるからこそ生まれた本物の自信だと感じました。

　お客さんへの対応も終わり，後片付けに入ったのですが，これも先生は全くタッチしません。子どもたちだけでお互いに声をかけ合い，自分たちだけでするのです。最初から最後まで自分たちが主体となって活動する，こういう学習こそが小学部に求められている主体的・対話的な深い学びだと思いました。

　授業後の授業研究会で先生が，「今日は2人の先生で授業をしたが，1人でもできたと思います」と語っていましたが，こういう前向きな姿勢が，子どもたちの生活意欲や生きる力をさらに育むことになると感じました。

　何と言ってもすばらしいのは，教師のかかわりがなく，子どもたちだけで質の高い食べ物を提供できていることです。お客さんは中学部の子どもたちですが，地域社会の基礎を学ぶ，とてもいい学習でした。

　おにぎり屋さんでは，コンビニと変わらないおにぎり作りを目指しています。お客さんの注文（鮭，唐揚げ，わかめ等）に応じて，お客さんが見ている前でおにぎりを作り提供するのです。子どもたちはそれぞれの能力に応じて，役割分担が決められ，自分の持っている力をそれぞれが責任を持って発揮すれば質の高い，本物に近いおにぎりができるよう，流れ作業的に設定の工夫がされています。子どもたちにとって使いやすい道具や器具が用意され，分からないことがあっても，自分たちで解決できるよう，的確な視覚支援教材も用意されています。さらには，子どもたちにはリーダーがおり，分からないときはリーダーを頼る設定もされています。

　わたしも実際の授業を見せてもらいました。本物のおにぎりが出来上がり，本物のおにぎりがお客さんに提供されていました。お客さんからも「おいしい」と言われ，大変喜ばれていました。私が何よりも感心したのは，お店の主役は子どもたちであり，子どもたち同士で協力し合って，先生の支援も得ることなく，本物のおにぎりを作ることができていたところです。小学部の子どもであっても，このように，自分たちだけで本物を提供できる学習の展開ができるのです。お店屋さんが終わった後の，子どもたちの満足した表情を見ていると，こういう学習こそが，子どもたちの存在価値を高め，人生の質を高めることにつながると思いました。小学部として行う，人生の質を高める典型的な授業であると言えます。

(2)　中学部の学習

　中学部の指導目標は「地域の人とかかわりながら，主体的に質の高い地域生活を送ることができる」です。地域生活は教師と共にする生活ではありません。地域の人と共にする生活です。地域に溶け込み，地域に適応する生活です。中学部になると，地域に出かけて様々な体験をする学習が多くなりますが，果たして，中学部の目標に合った学習ができているでしょうか。子どもたちが地域で主体的に考え，判断し，行動する力を身につける学習が行わ

れているでしょうか。地域に出かける体験が生きる力につながる体験になっているでしょうか。どうもそうでない学習が多いように思います。もっと目的を明確にし，目標を達成する学習を展開する必要があります。自分一人で考え，また友達同士で考え合い，地域生活を送るための課題を，どんなに小さなことでもいいですから解決できれば，少しずつ地域生活に自信を持つようになります。それが地域生活への適応の第一歩です。解決がむずかしければ，先生の支援を得るのではなく，地域の人に支援を求めることのできる力を身につける学習をして欲しいと思います。

　地域へ出かける校外学習は，どこの学校でもよくしていますが，校外学習は，現実的で生活感のある地域生活課題を解決する学習であって欲しいと思います。買い物学習一つを取り上げてみても，現実的で生活感のある学習が行われているかとなると疑問符がつくケースも少なくありません。

　例えば，みんなで近くのスーパーマーケットに行って，指示された品物を買う学習をしているのを結構見かけますが，現実的なことを考えると，自分が必要だと思っている，また，買いたいと思っているものを買う体験の方がいいですし，生活感のことを考えると，みんなが揃ってスーパーマーケットに行かなくても，コンビニもありますし，大型ショッピングセンターもありますし，デパートもあります。自分で考え，判断し，選択決定する買い物が自然な，普通の買い物です。買い物学習の体験を学校でずっと積み重ねてきたのに，地域で一人で買い物ができるかというと，ほとんどできないという話をよく聞きます。生活は形づくられたものであってはなりません。型にはまった生活体験は仮に，思考や判断を要することがあっても，地域生活で通用しないのは当たり前です。生活は臨機応変に，その時，その場に応じて思考を巡らし，判断し，行動を起こしていく行為です。そういう生活を体験することが必要なのです。

　買い物について具体的に言うと，まず，何を買うのかを自分で考えます。次はどこで買うのかを考えます。お店が決まれば，どのようにしていけばよいかを考えます。歩いて行ける店である場合もありますし，バスや電車を使

わなければいけない店もあります。バスや電車が必要ならば，運賃や時刻を考えなければなりません。このように自分で考え，分からなければ，友達と相談しながら買い物の計画を立て，実行する体験こそが，生きる力を高める買い物になります。近くのスーパーマーケットに行って何回も買い物をするよりも，時間をかけて，主体的に課題を解決しながら買い物をしていく過程を大切にする方が学びの効果は高くなります。地域のいろいろな人とのかかわりや会話もできます。地域生活で主体性を発揮する体験を積み重ねることで生きる力を育むのです。

(3) 高等部の学習

　高等部の指導目標は「職場の人とかかわりながら，主体的に質の高い職業生活を送ることができる」です。高等部では，質の高い職業生活を送ることができるようにするために，積極的に職場の人にかかわり，職場で主体的に活動できる力を身につける必要があります。黙々と仕事ができる人がいいのではありません。いくら仕事ができても，職場の人とのかかわりが持てないのでは就労維持はできません。職場の人とのかかわりがない人は，就労当初はがんばることができても，次第に，仕事をすることにしんどさを感じるようになり，離職することが少なくありません。一日，誰とも話すことがなく，仕事だけを淡々とこなしている人が働く意欲を持続することはむずかしいことです。

　職場の人にかかわれないのは，障害を持っているからやむを得ない，という人もいます。わたしはそうではないと思っています。高等部教育の指導の在り方に問題があると思っています。仕事をすることやスキルの向上には一生懸命ですが，人とのかかわりとか，人と対話するとか，人と一緒に考えるとか，自らの意見を述べるとか，人から学ぶとか，など人との関係性の向上についての指導はあまり行われていないのではないか，と思うのですが，どうでしょうか。人は人と人との関係性の中で生きています。この基本を土台においた学習をしなければ，人が人として生きていくことはむずかしいと言

えます。せっかく就職できても長続きしないのは当たり前と言えば当たり前のことです。

　では，具体的にどういう指導を行えばよいでしょうか。福井県立嶺南西特別支援学校の高等部の生活単元学習「作業製品販売会を成功させよう」の事例を紹介します。

　この学校では，作業学習で作った作業製品をショッピングセンターで販売する活動を行っています。2日間で千点以上の作品が販売され，ほぼ完売するというのですから，いかに質の高い製品が並んでいるかが分かります。人気商品もあり，品物によっては行列ができ，なかなか買えないものもあるそうです。

　この生活単元学習は当日の販売時に接客がスムーズに，かつ，お客さんが気持ちよく買い物ができるように，と計画されたものです。この学習のポイントは，インプットの学習でなくアウトプットの学習を行う，というところです。教師が教える学習でなく，自分たちで考え，話し合い，お客さんに喜んでもらえる接客態度を，自分たちで身につけようとする学習です。

　実際に，わたしもその授業の様子を見せてもらいました。アウトプットの学習ですから，先生は学習の輪に入りません。どうしても自分たちでは解決できないことがあって，子どもからの要求があれば応じるという姿勢で参加しています。学校のホールに，ショッピングセンターのフロアと同じような販売コーナーを設け，他学部の先生方に実際に買い物をしてもらおうという本番さながらの学習設定です。わたしもお客さんになって買い物をさせてもらいました。子どもは8名で，接客係，レジ係に分かれ，それぞれに接客チーフ，レジチーフがおり，チーフを中心に活動することになっています。また全体を仕切る役としてフロアリーダーを置いています。

　まず，開店前の準備に取り掛かります。フロアリーダーを中心に，子どもたちで，商品の陳列やお釣りの確認，目標の共有などを行い，いよいよ開店です。お客さんが次々買い物を始めるのですが，商品の説明を求めたり，商品の配達や追加注文をお願いしたりなど，さまざまな注文を突き付けられ，

接客係はその対応に大わらわです。

　子どもたちだけでは解決できない事態になったときに，先生に助けを求めることがありましたが，先生はそれには答えませんでした。あくまで子どもたちで解決するという方針を貫いていました。しかしながら，即座に解決することがむずかしい課題に直面したときは，先生は販売活動をいったん休止状態にして，子どもたちだけで話し合う時間を与え，解決方法を見出すように促していました。販売当日はこういうことはできませんが，事前にしっかりと確認し，子どもたち同士で，課題解決の方策を共通理解をしておくことは大変重要なことです。販売当日に自信を持って対応できるからです。フロアリーダーを中心にして，みんなで意見を出し合い解決策を見出していました。自分たちに任され，自分たちで解決をしなければならない場面に追い込まれると，頭も働き，いい意見が出てくるものです。話し合いが立派にできているのには感心させられました。これこそが主体的・対話的な学びであり，アウトプットの学習です。

　ようやく販売活動を再開し，適切な接客ができたのです。わたしも当日を想定して接客係に商品の説明を何度も求めてみましたが，どの商品についても，分かりやすい説明だけでなく，しっかりと自分たちの作った商品のよさをアピールできていました。販売をするということは，売るだけでなく，商品の説明ができることが重要です。商品の説明ができるということは自分たちが作った製品に自信を持っていることでもあります。売れた喜びよりも，商品の説明ができ，お客さんに「ありがとう」と言われたときの喜びの方が自信になることは言うまでもありません。実際には，説明を求めても答えられないこともありました。しかし，感心させられたのは「知らなくてすみません」という返答です。こういう対応ができるということは，相手の立場に立った対応ができているということです。対話の重要性が理解できているのです。こういう，人とのかかわりが重要なのです。実際に買い物をして領収書を要求しましたが，落ち着きのある丁寧な対応でした。子どもたちの接客態度を見ていて，きっと当日はいい販売会ができるのではないかと思いまし

た。

　この授業を見て，こういうアウトプットの学習を続けていけば，この子ど
もたちは，将来，自分で考えて，自分の力で生活をつくり出していくことが
できるようになると思いました。

３ キャリア教育の一層の充実

　キャリア教育の一層の充実は，ゴール（人生の質の向上，生きがいある生
活の確立）を目指してキャリアを積み重ねていく過程の充実がポイントです。
言いかえれば，主体的に役割，課題を果たしながら生きる力，働く力を高め
ていくということです。小学部入学から年齢に応じて少しずつ生きる力，働
く力を積み重ね，卒業後には，具体的に「この子どもには，こういう生きる
力，働く力が身についています」と言って社会に送り出すことができるよう
にするのです。そうすれば学校卒業後には質の高い人生が送れるようになる
と思うのです。

　これは，能力や障害にかかわらず，すべての子どもにおいて取り組まなけ
ればならないことです。ゴールは明確になっていますので，後は，個々に応
じてキャリアを確実に積み重ねていけばいいのです。保護者から「12年間の
教育を受けたが，何の生きる力，働く力も身についていない。むしろ退行し
た気がする」などといった発言だけは出ないようにしたいものです。

　では，具体的にどのような教育を行えばよいでしょうか。今後の教育で重
要となる３つのキーワード（基本行動，生きる力，働く力）についてキャリ
アの具体的な積み上げ方を述べてみます。キャリアを積み上げていくために
は発展的，総合的な取り組みが必要になります。先にも述べたように学習の
中核である，日常生活の指導，生活単元学習，作業学習の３本柱はそれぞれ
独立した単独の学習ではなく，次第に重層的に，一つにまとまっていく学習
となっていることをしっかりと理解しておく必要があります。１年１年のキ
ャリアを一つ一つ積み重ねていく12年間の教育を考え，ゴールを目指すので
す。

図に示すと以下のようになります。日常生活の指導では基本行動の確立を目指します。そして，日常生活の指導で身につけた基本行動を，生活単元学習では，実生活に定着させると共に，生きる力を育てることを目指します。日常生活の指導と生活単元学習との違いは，生活感すなわち生活の質の高さと生活の幅の広がりです。より本物の生活に近づいていく総合学習になるということです。生活単元学習は日常生活の指導で身につけた力が生きる生活を考えなければなりません。作業学習はさらに高次な総合学習となり，今度は，日常生活の指導と生活単元学習で身につけた力を生かした働く生活を考え，職場に通用する働く力を育てるのです。このように3本柱の学習を少しずつ発展的，総合的にまとめながら，職場生活や社会生活に通用する力を育てていくのです。

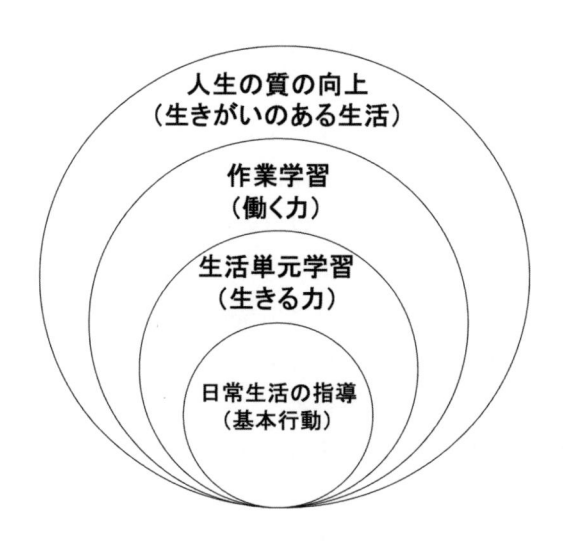

　これを，学習内容で考えると次のようになります。
　3本柱のどの学習においても目指さなければならないことは，主体的に役割・課題を果たす生活を実現することです。
　日常生活の指導では，生活での最初の役割である，自分のことは自分です

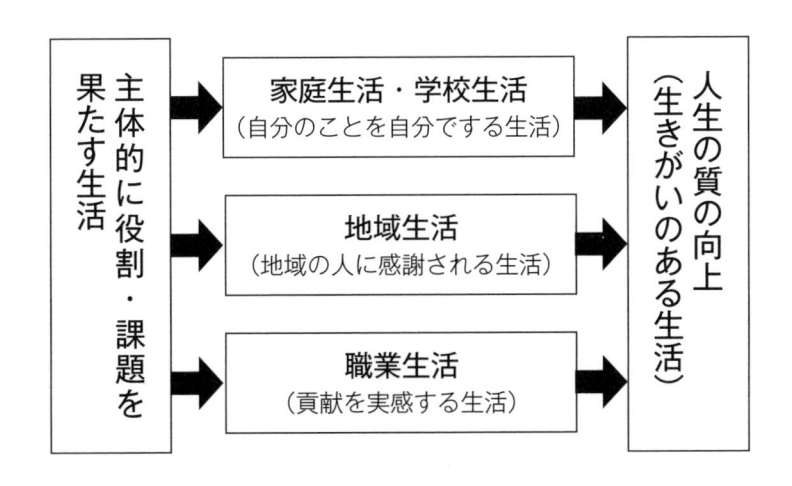

る家庭生活，学校生活が送れるようにします。自分のことが自分でできるようになると，家庭や学校で自分の存在を示すことができるようになります。家庭生活，学校生活という身近な社会の一員としての生活を確立するのです。

　生活単元学習では，地域で役割・課題が果たせる生活が目標になります。限定されない普通の生活の中で主体的に役割・課題を果たし，地域での存在を高めていくのです。地域の人に感謝される生活を積み重ねることで地域社会の一員としての生活を確立するのです。

　作業学習は主体的に役割・課題を果たす職業生活を実現するのが目標です。

　職場で役割，課題を果たすということは職場で貢献することです。職場で貢献するとは質の高い仕事ができるということです。質の高い仕事をして，周りから認められ，信頼されることで，職場という社会の一員としての生活を確立するのです。

　このように，家庭生活，学校生活，地域生活，職業生活のそれぞれの社会において存在を示すことができるようになることが，人生の質の向上につながります。こうした過程を重視することがキャリア教育の一層の充実と言え

ます。

❹ 連続性・一貫性の重視

　連続性・一貫性を重視した教育が確立できなければキャリア教育は成立しません。キャリアが積み重ねられないからです。キャリア教育の成果を出そうとするならば，まず，この課題をクリアする必要があります。しかしながら，現状はなかなかにむずかしく，クリアできていない学校がほとんどです。

　では，どうすれば連続性・一貫性を重視した教育を確立することができるでしょうか。述べてみたいと思います。

　連続性はキャリアが12年間連続して積み重ねられているかがポイントになります。小学１年生が身につけたキャリアを生かして，小学２年生の教育が考えられているのでしょうか。小学２年生は１年生で身につけたキャリアをさらによりよいものに上積みする必要があります。１年１年キャリアを確実に上積みしていけば，高等部卒業時点にはかなりのキャリアを身につけることになります。こうした連続性を重視して欲しいのです。

　今の教育は１年生の学習が終われば，１年生のときの学習に関係なく，新たな２年生の学習が始まる，というように１年１年の学習に，積み重ねの連続性がありません。何よりも子ども自身が積み重ねの連続性を感じることのない教育が当たり前のように行われているのが問題です。１年生のときに身につけた力を生かした２年生の学習が行われれば，子どもは自ずから意欲が出てくるはずです。

　ここでいう連続性は，１年生の学習を２年生が引き継ぎ，学習の積み重ねを重視する12年間の学習の連続性です。小学部，中学部，高等部の各学部連携がなかなか進まない現状にあって，これは容易でないことは確かです。これを改善するには，個別の指導計画の充実を考える必要があります。指導者が１年間どういう指導を行い，どういうキャリアが身についたかを個別の指導計画で明確にし，次の指導者に引き継いでいくのです。引き継いだ指導者は，前年に身につけたキャリアを生かしながら，さらなるキャリアアップを

図り，次に引き継ぐのです。こうした指導を12年間続けていくと，卒業時点では，どういうキャリアがどのような取り組みにより身につき，今の成長につながったかが明確になると共に，連続性の課題も見えてきます。1年1年のキャリアの歩みを個別ファイルにして12年間引き継ぎながら積み重ねていけば，1年ごとの指導者の指導内容，指導方法も明確になり，さらに充実した教育になるよう，みんなで検討ができるのです。

　これからは個々の学校教育12年間を，連続性をキーワードに，みんなで考え，充実したものにしていくという取り組みが求められている，と理解して欲しいと思います。

　一貫性は，指導の一貫性がポイントです。学校教育12年間のうちには，子どもはさまざまな指導者の指導を受けます。しかし，指導者が替われば，指導法や対応法が全く違うということも多々あります。このことが子どもにとってマイナスにならなければ問題ないのですが，「先生が替わったことで安定していた学校生活，家庭生活が一変し，不適切行動が多くなった」「先生が毅然とした態度で接してくれていたおかげで，自分から進んでできることが増えていたが，先生が替わり，何をしても受容してくれるため，今までできていたことでもできなくなった」などという声を聞きます。こういうことだけは避ける必要があります。例えば，子どもにかかわった10人の先生が，みんな同じ指導法，対応法をすることは無理だとしても，指導や対応の基本方針はみんなで話し合って常に確認はしておく必要があります。先生方はそれぞれ得意な分野や不得手な分野があり，また，個性もそれぞれです。それらを精いっぱい生かすのも教師の専門性です。どんな内容の学習を，どのように計画し，授業するかは，それぞれの教師の個性にゆだねる必要があります。そうであってこそ，子どもは，さまざまなことを学びながら発達していくことができるのです。しかし，みんなで確認した指導，対応の基本は守る必要があります。これが指導の一貫性です。

5 教育評価の活用

　これからの教育は教育評価の活用が重要であることは言うまでもありません。教育は常に進歩，進化していくものです。このことが忘れられているのではないかと思うことがよくあります。前年とほとんど変わらない旧態依然とした教育を続けていたのでは，子どもは成長しません。何よりも教師の資質が向上しませんから，子どもの将来にも期待が持てないのです。前年度の指導内容，指導方法を新しい子どもたちにそのまま活用するなどあり得ないことです。ある学校では10年間ほとんど教育課程は変わってなく，指導計画も指導内容も指導方法もほぼ同じです。教育課程によって子どもたちの発達や成長が確実に決まってくる，この教育にあって，これでいいのか，と思ってしまいます。教師にとっては毎年同じことをすればよいわけですから，特別考えることもなく楽でいいかもしれませんが，果たしてこれが教育と言えるでしょうか。子どもにとっても，教師にとっても新鮮味のない1年間を過ごすわけですから，どんなに熱心に取り組んでも教育の質は向上しませんし，もちろん子どもも発達しないことは言うまでもありません。

　この教育は通常教育と違って教科書通りにできませんから，決して楽な教育ではありません。子どもの実態に合わせて自分たちで，子どもに合わせて独自の教科書を作っていくことが求められています。むしろ，しんどく大変な教育です。専門性がなければできない教育です。こんなことはあってはならないことですが，この教育はのんびりと楽ができる，という考えを持っている人がいるとしたら，この教育には向いていない教師である，と考えた方がいいと思います。積極的，主体的に，子どもが発達，成長するための教育を自分で工夫し，創り出していく教師がこの教育に求められています。

　そのためには個々の障害や能力を的確に把握し，個々に応じた教育を，推進していくと同時に，実践にフィードバックできる，しっかりとした教育評価を行わなければならないことは言うまでもありません。

　では，具体的にどのように教育評価をすればよいのでしょうか。

言うまでもなく評価は，明確な目標に対する具体的評価が基本となります。いい加減な，適当な，目標であれば評価をしても意味がありません。何よりもどういう目標を設定するかに一番，力を注ぐべきです。明確な目標が決まれば，その目標に合わせて，子どもたちの実態を考慮しながら指導内容，指導方法を考え，実際の指導を行い，その結果と過程を評価します。目標が達成できたのであれば何も評価しなくてよいかというとそうではありません。目標が達成できたのは何がよかったのかを具体的に過程の一つ一つを評価，検証をする必要があります。この評価，検証が次の新たな目標設定を考えるときに重要になります。

　一方，目標が達成できなければその原因を明確にする必要があります。実態把握が十分でないのか，目標の設定に問題があるのか，指導内容，指導方法は適切でないのか，また，指導の実際に問題があるのか，一つ一つ具体的に評価し，問題点を明らかにするのです。こうした過程を重視した評価をしっかりすることができれば，目標が達成できなくてもそれほど気にすることはありません。問題点に対する改善策を講じ，新たに挑戦すればよいのです。こうした教育評価を繰り返すことで，教師の指導の質も向上し，子どもの発達も確実に促進されるのです。

　そういう意味では，これからの教師には，以下の4つの教育力が求められていると理解して欲しいと思います。

- 子どもの育成すべき資質や能力を踏まえた，目標設定ができる
- 目標を達成するための指導内容や指導方法を具体的に示すことができる
- 自信を持って指導案に沿った授業ができる
- 成果を評価すると共に，成果に基づく原因を明らかにできる

　これは，まさに子どもたちに必要な教育，指導の在り方を，その時々に見出すことのできる，教師のマネジメント力が求められていると言えます。

　目標をみんなで共有し，みんなが目標達成のための努力を惜しまず，子ど

もを確実に発達，成長させるという，教師としての役割を果たしていくマネジメント力が必要なのです。

　こう考えると，先ほどの教育内容や教育方法が昔からほとんど変わっていないというのは考えられない話です。時代と共に教育環境は変化しています。まず，子どもの実態が違います。保護者の教育に対する考え方も違ってきていますし，地域や職場や社会のニーズも変わってきています。学校においても，キャリア教育の充実，生きる力，働く力などの具体的育成等々，新たな教育，指導の確立を目指して日々前進しています。

　これからは，家庭，学校，地域，職場，社会が一体となった新しい時代にふさわしい教育が求められている，と考えて欲しいと思います。そのためには，質の高い教育評価は欠かせないのです。

【著者紹介】

上岡　一世（うえおか　かずとし）

元愛媛大学教授。

1946年高知県生まれ。高知大学教育学部卒。鳴門教育大学大学院修了。

高知大学教育学部附属中学校教諭（特殊学級），愛媛大学教育学部附属養護学校教諭，愛媛大学教育学部助教授，愛媛大学教育学部教授，愛媛大学教育学部附属特別支援学校校長を歴任。

専門は特別支援教育。

特別支援教育サポートBOOKS

特別支援教育　新学習指導要領を踏まえた
キャリア教育の実践

2019年11月初版第1刷刊　Ⓒ著　者　上　　岡　　一　　世

発行者　藤　　原　　光　　政

発行所　明治図書出版株式会社

http://www.meijitosho.co.jp

（企画）佐藤智恵（校正）武藤亜子

〒114-0023　東京都北区滝野川7-46-1
振替00160-5-151318　電話03（5907）6703
ご注文窓口　電話03（5907）6668

＊検印省略　　　　　　組版所　中　　央　　美　　版

本書の無断コピーは，著作権・出版権にふれます。ご注意ください。

Printed in Japan　　　　　　　ISBN978-4-18-309228-1
もれなくクーポンがもらえる！読者アンケートはこちらから　→